営業マンは、「書く力」を磨け

営業コンサルタント
菊原智明

三笠書房

私はずっと契約が取れないダメ営業マンでした。
原因は、はっきりしていました。
トーク力がなかったのです。

なんとかしようと懸命にトーク力を磨きました。
でも、うまくいきません。
お客様の前に出るとうまく話せないのです。

そしてあるときを境に、決めました。
もうお客様とムリに会うのはやめよう、と。
ムダに会うのはよそう、と。

そして、営業スタイルを一変させました。
「文章」を駆使することにしたのです。
「書く力」による営業法に変えたのです。

すると成果が上がりはじめました。
それも短期間に、劇的に、です。
自分でも信じられないほどの結果が出たのです。

私は、何をどう書いたのか？
「書く力」をどう磨いたのか？
本書でその秘訣をすべてお伝えします。

はじめに

あらためまして、こんにちは。

営業コンサルタントの菊原智明といいます。


本書のタイトルは『営業マンは、「書く力」を磨け』ですが、こんな疑問を持つ人もいるかもしれません。

「話す力ならわかるけれど……営業マンに書く力なんて必要なの？」

と。


これからの時代の営業マンは「書く力」を身につけることを避けては通れない。

私はそう考えています。

これまでは、「営業で結果を出すならなによりトーク力が必要だ」といわれていました。もちろん、「話す力」は営業マンにとって重要なスキルです。

しかし、いま、もっと重要なスキルがあります。

それはズバリ「書く力」です。

あなたも「最近、書く仕事が多くなったなぁ」と実感していることでしょう。お客様とのコミュニケーションもメールやSNSなどを使った文章によるやりとりが主流となり、また、多くの商品、サービスの「ネット販売化」が進む中で、「書く」ことによる営業活動が増えていっているはずです。

私は大学卒業後、ハウスメーカーに営業マンとして入社したものの、最初は結果を出せずに苦しんでいました。

原因は、トーク力がなかったからです。人見知りだったためお客様の前に出ると緊張し、いつもおかしなことを口走ってしまい、「なんでこんなにダメなんだろう。うまくいかないんだろう……」と落ち込んでばかりいたものです。

詳しくは本文で書きますが、あるときを境に、私は、**お客様とムリに会わない、ムダに会わないと決めて、基本的に「文章」でアプローチをしたり、商談を進めたり、フォローをしたりする営業スタイルに一変させた**のです。

そこから劇的に成果が上がりはじめ、トップ営業マンへとのぼりつめました。三〇〇〇万円以上の家を年間で二〇件以上売ったこともあります。

すべては「書く力」によるものです。


そして私はいまでも、「書く力」によって多くの恩恵を受けています。

これまで七五冊以上の本を出版しています。新聞やウェブの連載記事を月に五、六本書いています。セミナーや研修の仕事の多くは、長年続けているブログを見てくれたクライアントからのオファーによるものです。


といっても、私ははじめから書くことが得意だったわけではありません。

もともと完全な理数系の人間で、文章を書くのがむしろ苦手でした。トライ&エラーを繰り返し、身につけていったのです。

「書く力」、特に営業マンにとってのそれは、**生まれ持ったセンスではなく、後天的に身につけることができます。**なにも文学賞に応募するための原稿を書くのではないのです。**お客様を喜ばせる、信頼させる、買う気にさせる文章を書くのが営業マンに**

とっての「書く力」です。

もちろん、ひと口に「営業」といっても、その内容は多岐にわたりますし、売る商品やサービスも千差万別です。

そこでなるべく汎用性のあるノウハウを選んでご紹介しますが、当然、そのまま使えるものもあれば、そうでないものもあるでしょう。

それはご自身の仕事に合わせてうまくアレンジしていただければと思います。**本書の「書く力の磨き方」は、いままでさまざまな業種の営業マンに指導し、実際に成果が出たものばかりです。必ずあなたの営業の強力な武器となります。**

さあ、「書く力」を磨き、ダントツの結果を出しましょう！

菊原智明

◎目次

1章 私は「書く力」でトップ営業マンになった
――なぜ「お客様と会わないほうが売れた」のか？

2章

お客様と上手につながる「アプローチレター」

――基本は、「三つのこと」だけを書けばいい

3章 あなたの魅力を高める文章テクニック

――「読み手に刺さる」手紙、メール、SNSの書き方

4章 お客様の「買う気をくすぐる」この一言

——商談中にやるべきこと、やってはいけないこと

5章 成約を絶対モノにする「クロージングレター」

——お客様の「最大の買う決め手」はどこにある？

6章

この「営業ノート」で成果が劇的に変わる！

――アイデアが湧く、ミスがなくなる、目標が達成できる！

編集協力／森下裕士
本文ＤＴＰ／株式会社Ｓｕｎ Ｆｕｅｒｚａ

1章

私は「書く力」でトップ営業マンになった

――なぜ「お客様と会わないほうが売れた」のか？

「書く力」は、これからの営業マンの必須スキル

「〝リアルコミュニケーション〟の場面が少なくなっている」

この現実を、営業の世界でも感じるようになってきました。

いまはまさに、時代の変わり目です。

・店舗販売↓ネット販売
・対面営業↓リモート営業

・ショールーム販売↓バーチャルショールーム販売

など、営業の仕事において、「オンライン化」がどんどん進んでいます。

お店での注文がタッチパネルになり、支払いは電子マネーになりました。「AI」は日進月歩で進化し続けています。「近い将来、人間はいらなくなるのでは……」と思うほどの、ものすごいスピードです。

「自分も必要なくなるかもしれない――」

そう不安になっている営業マンも多いでしょう。

この時代の流れを止めることはできません。

しかし、チャンスはあります。

「リアル」での営業が減り、「オンライン」での営業が増えている中でいま、求められるスキル――。

それは、**「書く力」**です。

いまや営業の世界では、「一度もお客様と直接会わずに契約が成立」ということもめずらしくありません。

そんな中で、営業マンは、お客様とメールやSNSを使ったコミュニケーションや交渉がより増えます。

ネット販売化が進み、商品説明をするにも「トーク力」ではなく「文章力」によるプレゼンスキルがものをいう場面も今後は多くなるでしょう。

これからは「書く力」が強力な武器となり、この武器を持つことがトップ営業マンになるためのパスポートになる——。

そういう時代に変わりつつあるのだと私は確信しています。

時代が変わるということは、結果を出す人の種類も変わるということです。

「リアル」の時代に活躍していた人は影をひそめ、「非リアル化」の時代の流れに乗った人が表舞台に登場します。

今後、営業トップ成績の顔ぶれがガラッと変わってしまう、ということが当たり前に起こってきます。

いま、営業成績がパッとしない人でも、このところスランプに陥(おちい)っている人でも、

「書く力」を磨くことが、結果を出すための突破口になりえます。

逆に、これまでは成績がよかった人も、「書く力」を磨くことを怠(おこた)ると、成績が降下していく危険があるのです。

「書く力」はこれからの営業の強力な武器となる

私が激戦区で全敗して得た最善の営業スタイル

私は、「書く力」で家を売ってきました。

ハウスメーカーの営業マン時代、毎年、二〇〇〇万～四〇〇〇万円の物件を二〇件以上売ってきたので、請負金額は年間五億円をゆうに超えていました。

そして、その**営業活動の中心は、「文章」によるもの**でした。

ここで少し、私がそのことに行き着いた経緯をお話しします。

じつは私は、もともとは売れない営業マンでした。

そして、「どんなに難しいお客様でも、トーク力さえあれば一撃必殺で契約は取れる」と豪語する、当時のトップ営業マンがいうことを鵜呑みにしていました。

実際に、その営業マンは、それをみごとにやってのけていたのです。どんなに難しいお客様でも、魔法的な話術で説得してしまうのです。

私は、このスタイルにあこがれを抱いていました。「すごい。かっこいいな。自分もこんなふうになりたい！」と。

しかし、自分にはそういった芸当で売る能力はありませんでした。結局、当時の私が結果を出すには、「すぐに決断してくれる可能性のあるお客様」を狙うしかありません。

ただし、当然ですが、こういったお客様は、みんなが狙っていますから、「激戦区」で戦うことになります。

他社も含め、先に挙げたような「凄腕」の営業マンがしのぎを削る場で戦うことになるのです。

私はこの戦場で必死に戦ってみましたが、残念ながら勝つことはできませんでした。全敗です。

さんざん負け続けたあげく、「ダメ営業マン」の烙印も押されてしまい、「自分にはここで勝つ力がない」と悟り、「魔法的な話術でお客様を説得する」というあこがれの営業スタイルをきっぱり捨てることにしたのです。

そして、次の二つの営業スタイルに変えることにしました。

①「すぐに決断してくれるお客様」から「中長期で契約をいただける可能性のあるお客様」へとターゲットを変える。

②「面談」から「文章（営業レター）」中心による営業スタイルに変える。

「中長期のお客様」は契約までに時間がかかるため、多くの営業マンが手を出しません。いわゆる「ブルーオーシャン」でした。

そのお客様に対して、**「営業レター」を送り、丁寧（ていねい）にアプローチやフォローをして**

いくことに決めたのです。

こういった「中長期のお客様」は、まだそれほど本格的な情報収集をはじめていないため、私の「営業レター」をよく読んでくれましたし、喜んでくれました。

どんな「営業レター」かは、のちほど詳しく説明しますが、この営業スタイルに変更したことによって、私は結果をどんどん出せるようになりました。自分が生き残るための道を見つけたのです。

営業スタイルを変更した当初は、「中長期のお客様に営業レターでアプローチするわけだから、ある程度の時間がかかるのはしかたがない」と覚悟していましたが、そうではありませんでした。

「営業レター」を書くことで、「短期間」で結果が出はじめたのです。そして一気にダメ営業マンから抜け出しトップ営業マンへとのぼりつめることができました。

ぜひともお伝えしておきたいことは、**この「書いて売る」手法は、私だからできた**

のではなく、誰でも、そしてどんな営業にも通じるヒントがある、ということです。
なぜなら、私の研修を受けた営業マンの多くが、同じように結果を出しているからです。生命保険、法人営業、士業、小売り業、サービス業など幅広い業界で成果が出ています。

あなたがもし、いま結果を出せていないなら、

「戦い方を変える＝書く力を磨く」

という営業スタイルの変革をぜひ起こしてください。そのヒントや方法を、これからご紹介していきたいと思います。

「書く力」はどんな営業にも通じる力

お客様にムリに会わないからこそ信頼関係を築ける

前項で、「私は、書く力（営業レター）で家を売ってきた」という話をしましたが、多くの人にとって、家は一生に一度の大きな買い物です。

「そんな高額なものが、本当にレターだけで売れたの？」

そう疑問に思った人もいるかもしれません。

たしかに、個人が人生において購入する中で、住宅は最高レベルの高額商品でしょう。

そんな家を、あなたが購入するとしたら、担当営業マンに何を求めますか？


「信頼」

ではないでしょうか？

見た目がいい。

頭がよさそう。

トークが面白い。

……違いますよね？


一生に一度の大きな買い物である家を買う。お客様にとって、その担当営業マンは、なにより信頼できる人でなければならないはずです。「失敗した」ではすまされない買い物なのですから。

私は、だからこそ、文章（営業レター）を大事にしたのです。

特にアプローチの段階では。

なぜか。

直接会おうとするのは、嫌われる可能性が高いからです。しつこく電話をかけて面会を取りつけようとしたり、家になかば強引に押しかけたり、そうして会っても嫌われるし、警戒されるだけです。

「むしろお客様と信頼関係を築くには、ムリに、ムダに会わないほうがいいんじゃないか？　そのかわりに、別の方法でアプローチしたほうがいいんじゃないか？」

そう考えました。

そして、前項で述べたように、私は中長期で契約を考えていると思われるお客様に対して「営業レター」を送るようにしたのです。

そうしてお客様のほうからお声がけをいただき、商談がはじまるときには、お客様にとって私は「単なる初対面の人」ではないのです。

たとえば、こんなことがありました。

営業レターを出していたお客様から「相談したいことがある」と連絡が入り、はじめて直接お会いすることとなりました。

お客様は私の顔を見るなり、「いやぁ、菊原さん、こんにちは。元気ですか？」とフランクに声をかけてくださいます。

そしてふと気づいたように、「あ、すみません、なれなれしくしてしまって。**いつも菊原さんのお手紙を読んでいるので、今日が初対面のような気がしなくて**」とおっしゃいました。

その後、この商談はきわめてスムーズに進み、無事に契約に至りました。

こういうことです。これが「書く力」による営業の大きな利点なのです。

その力を最大限に活かすヒントを、これからご紹介していきます。

「書く力」でお客様へのファースト・アプローチが変わる

「文章」があなたとお客様をつないでくれる

私は、ハウスメーカーの営業マンから独立して営業コンサルタントになりました。なんのコネクションもありませんし、人脈もほとんどゼロでした。

しかし、仕事をしなければなりません。コンサルティングやセミナー、講演会の依頼がなければ、収入は途絶えてしまいます。

また、群馬県高崎市で起業しましたが、当初はニーズの高い東京で活動することができませんでした。はじめのうちは資金も乏しく、移動費さえもなかなかかけられなかったのです。

そんな中で、独立後も私は、やはり「書く力」で営業活動を行なっていました。世の中には、私以外にもコンサルタントは星の数ほどいます。その中から、自分をご指名いただくのは本当にありがたいことです。

研修やセミナーのご依頼をいただいたとき、感謝の気持ちを伝えつつ、「どうして私にお声がけいただいたのでしょうか？」と質問をします。すると、多くは、

「毎日、ブログを読んでいたからです」

という答えでした。

ある研修先の企業の副社長さんがこのようにおっしゃいました。

「外部に研修はほとんど頼まないのですが、ブログを拝見して、頼むのなら菊原さんと決めていました。

他の人のブログは、最初は毎日だったのが、週三回↓週二回↓週一回……と更新が減っていきますが、**菊原さんだけは毎日ずっと書き続けている。だから信頼できると**

思ったんです。それに、プライベートなことも載せてくれているので、人となりがわかり、親近感を持ちました」

私は「住宅営業マン日記」というブログを三六五日×一五年以上継続しています。このブログは、「少しでも営業マンのヒントになれば」と考え、さまざまな情報やノウハウを伝えています。その他にも、ゴルフ、野球、ソフトボール、飲み会、娘の話など、プライベートに関しても言及しています。

・情報発信を継続していること
・自分の人間的側面を伝えていること

それが「信頼」に結びつき、仕事の依頼につながったわけです。
つまり、**「書く力」がお客様と私をつないでくれた**のです。

営業マン時代も同じようなことは多々ありました。

お客様に、私を選んでくれた理由を聞くと、

「ずっと手紙を送ってくれたのは菊原さんだけでした。ですから、お願いするなら、菊原さん以外はありえないと思ったんです」

とよくいっていただいたものです。

「書き続ける力」が信頼もチャンスも引き寄せる

営業マンに「特別な文才」は必要ない

私は研修やセミナー、講演会などで、よく、

「書く力でぜひジャイアントキリングを起こしましょう」

と話します。

「ジャイアントキリング」とは、「番狂わせ」ということです。格下のチームが格上のチームに勝つことを意味し、ラグビーやサッカーに詳しい人であればなじみのある言葉でしょう。

「書く力」を活用すれば、他の営業マンを出し抜くことが可能になります。

実際に私がそうでした。

もし、あなたがすでにトップクラスの営業マンであれば、「書く力」を磨くことで、もはや他者の追随を許さない圧倒的な成績をおさめることができるでしょう。


ここまで、「これから営業マンには書く力が必須スキルになる」「書く力を磨けば、営業成績をアップさせることができる」と述べましたが、お伝えしておきたいことは、**書く力を磨いたり、発揮したりするのに「特別な才能」は必要ない、**ということです。


昔から作文は苦手だった……。

大丈夫です。

きれいな文章を書けるか自信がない……。

問題ありません。

むしろ、へたに「文才」などないほうがいいのです。

なぜなら、**私が紹介するのは「営業マンのための書く力」であり、「お客様を動かすための文章のノウハウ」であり、「正しい文章」を書くことでも「美しい文章」を書くことでもない**からです。

私自身、「文才」などありません。

文才どころか、何も特別な才能には恵まれていません。

小学校、中学校ではずっと野球部の補欠でしたし、中学のときは一度も公式戦に出られませんでした。背番号すらもらえなかったのです。高校のときは別の部活に入ったもののすぐに退部しました。勉強も中途半端で、普通の高校、普通の大学に進みました。ずっと理系だったので、「文才」を磨く機会もありませんでした。

そして――。

前にもふれたように、私は何年もダメ営業マンでした。

どんなに思い返しても「この分野に関しては誇れる実績がある」というものはありません。ここまで書いて、いまあらためて考えてみましたが……やはり思いつきません。

しかし、私はトップ営業マンになれたし、いまは「営業コンサルタント」として、ありがたいことにたくさんの仕事をいただいています。このような本を執筆するという「書く」仕事にも恵まれています。

私は「書く力」によってさまざまな恩恵を受けてきました。それをあなたにも味わってほしいと思います。

先にもふれたように、「正しい文章」や「美しい文章」を書く必要はありません。

それよりも大事なことは、

「何を書くか」

です。

書く内容は「お客様のニーズ」に沿わなければなりません。お客様に刺さる内容、お客様を動かす内容でなければなりません。そして、成果（契約）につながるものでなければなりません。それが、営業マンに求められる「書く力」です。

ところで、「正しい文章」や「美しい文章」を書く必要はない、といいましたが、「わかりやすい文章」を書く必要はあります。

それらのポイントを押さえ、次章から具体的なテクニック、ワザについてご紹介していきますので、ぜひ、楽しみながら読み進めてください。

「書く力」で仕事にジャイアントキリングを起こせ

#「売り込む」営業マンはやがて消えていく

私もお客として商品を購入するときがあります。

以前、対面の営業（接客）で、とても勉強になったことがあります。

娘の部屋のエアコンを買い替えることになったときです。

私の住む市内には、大型の家電量販店が三店舗あり、激戦区なのですが、せっかくなので、三つすべての店舗に話を聞きに行くことにしました。

三人の店員さんとお会いして、その中で、特に「この人はすばらしいな」と思ったのは、他の二人と違い、「ベーシックな低額モデルをすすめてきた」人です。

他の二人も、全然ダメだったというわけではありません。接客マナーはよかったし、話し方もしっかりしていましたが、あれこれ理屈をつけてハイスペックな高額商品をすすめてきました。

しかし、私がすばらしいと思った店員さんは、娘の部屋の大きさや生活スタイルのことをよく聞き、それに合わせて、「これで十分です」と、ベーシックな低額モデルの商品をすすめてきました。

しかも、「この商品の部品はほとんどが国内生産で、品質もよく、安心です」とのこと。こちらのニーズに合わせて本当に必要なものをすすめてくれたり、品質もよくて大丈夫だと安心させてくれたりしたことに、好感を持ちました。

じつは、このとき、娘の部屋のエアコンだけでなく、リビングのエアコンの購入も考えていました。まだ壊れてはいませんでしたが、娘のエアコンと同時に購入したものなので、「リビングのもそろそろ買い替え時期なのかな」と思っていたのです。

こういうすばらしい店員さんには、なかなかお会いできません。せっかくなので、ついでに話を聞いてみよう、ということで、「じつはリビングのエアコンの購入も考えている」と伝え、相談しました。

するとその店員さんは、今度は一転して、ハイスペックな高額商品をすすめてきました。部屋全体をしっかり冷やすための性能面や、使用頻度が高いゆえのランニングコストの面も考慮してすすめられた商品は、なんと娘の部屋のエアコンの四倍の値段です。

しかし、説明には納得ができたし、またこの店員さんをすっかり気に入っていたため、「この人がいうなら間違いないだろう」ということで、二台のエアコンを購入することに決めたのです。

たんに高い物、有名な物、ブランド力のある物ではなく、その人のニーズに合った物をしっかりすすめてくれる。結局、こういう営業マンが、求められるのです。売れるのです。

ここでは、「対面」での実例を挙げましたが、本書のテーマである「文章」による営業でもそれは同じです。

いま、お店でも、ネットでも、テレビでも、どこもかしこも「売り込み」だらけです。買え買え買え、とあおられて、お客様は、みな警戒しています。

だから、お客様に寄り添い、お客様のニーズに耳を傾け、お客様が本当に必要なものを提案してくれる営業マンが求められているのです。

これからは、そんな「本物の営業マン」だけが生き残ります。

そして「本物の営業マン」になるためには、「書く力」が必要だ——。

私は、そう思って本書を書いています。

お客様に寄り添える「本物の営業マン」になる

2章

お客様と上手につながる「アプローチレター」

――基本は、「三つのこと」だけを書けばいい

「物語風」の自己紹介文で成果が激変する

営業マンに求められる「書く力」とはどんなものか。

本書では、そのことを述べていきますが、「はじめに」でもお伝えしたように、ひと口に「営業」といっても、その内容は多岐にわたりますし、千差万別です。

なるべく汎用性のあるノウハウをご紹介しますが、当然、あなたの営業にそのまま使えるものもあれば、ご自身の仕事に合わせてアレンジが必要なものもあると思いますので、うまく工夫してみてください。

前章で、私は**「営業レター」**を駆使することで、ダメ営業マンを脱してトップ営業マンになったといいましたが、まずはこの手法についてのお話からはじめましょう。

「営業レター」には、細かく分けると、さまざまなタイプのものがありますが、本書では、大きく次の二つに分けて、お話ししたいと思います。

①アプローチレター

お客様とつながり商談を進めるための文書

②クロージングレター

お客様に成約をうながすための文書

これらを手紙として郵送したり、PDFにしてメール、あるいはSNSで送ったりします。

「クロージングレター」については、5章でご紹介します。まずはお客様とつながり、商談が進まなければクロージングも何もないわけで、何はともあれ大事なのは「アプローチレター」です。
「アプローチレター」に書く要素は次の三つです。

「自己紹介文」
「あいさつ文」
「お役立ち情報」

それぞれをこれから解説していきますが、この項ではまず「自己紹介文」についてです。

「自己紹介文」とは、自分のことを知ってもらうための文章です。この文章が必要な理由は、お客様は素性のわからない営業マンからの文章など読まないからです。

自己紹介は「箇条書き」で簡潔に書く、というのがセオリーですよね。たとえば、次のように。

「営業レター」とは？

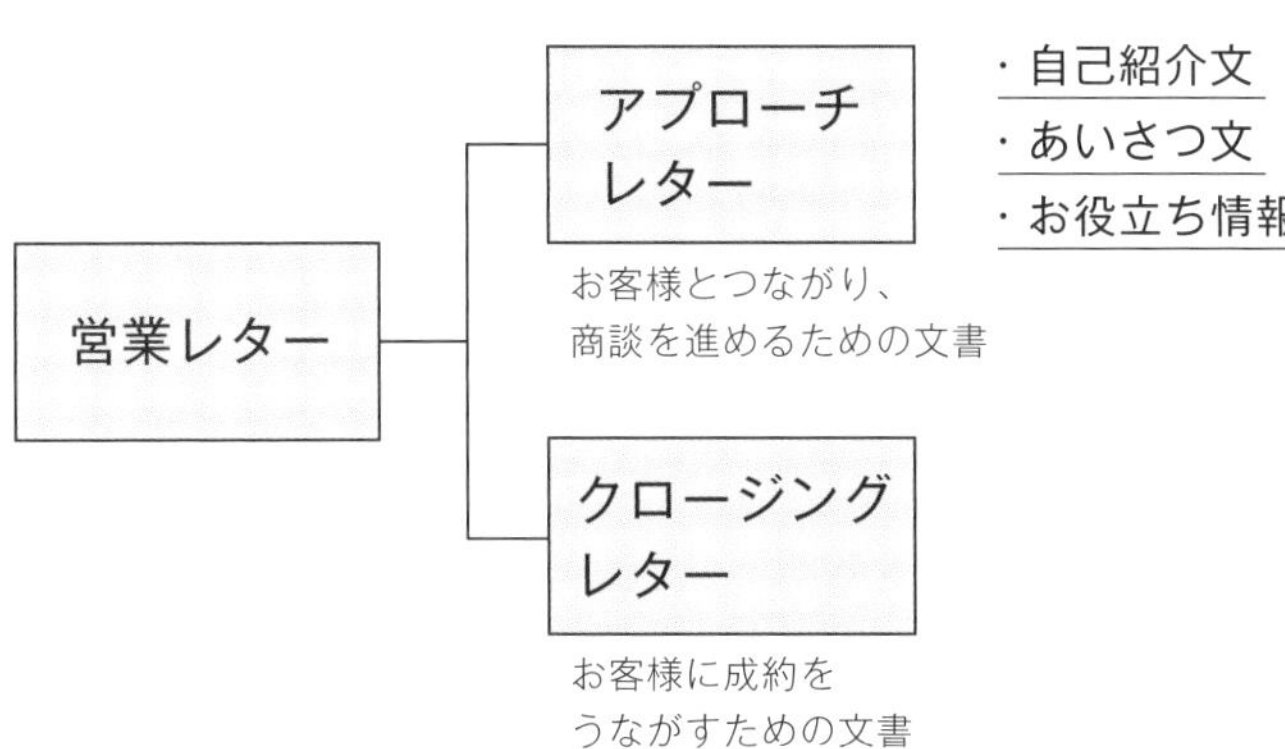

菊原智明
・群馬県高崎市出身／１９７２年10月30日生まれ／さそり座／B型
・○○高校出身／○○大学卒業
・趣味はゴルフと陶芸
・書道三段

悪くはありませんが、これではお客様は興味を示してくれないのです。

私は、次のような自己紹介文にしていました。

私が住宅営業マンになったきっかけ
～自己紹介にかえて。

◇

私はもともと公社で分譲したコンクリートブロックの平屋の家で生まれ育ちましたが、妹が生まれ家族も増え、父は増築を考えるようになりました。

やっとのことで完成した10坪の増築部分はいまでいう「欠陥住宅」でした。私はその後、大学へ進学したため、実家から離れましたが、実家に帰ると「見るたびに増築部分がひどい状態になっていっている」と悲しく感じました。

当時、私の大学の専攻は工学部の機械科。住宅とはまったく関係がない世界です。しかし、この経験から「こんな思いはもうしたくないし、誰にもさせたくない」と強く心に思いました。

私は大学からの推薦の仕事をすべて断り、住宅営業の世界に飛び込むことに決め、この会社に入社しました。

いかがでしょうか。

営業マン時代、私のこの自己紹介文は、「すごく印象的だった」と大変多くの人からお褒めいただきました。

興味を持ってもらう自己紹介文には「物語」が必要なのです。

ある「出版セミナー」のお手伝いをしたときのことです。著者候補の方々が書いた、お世辞にも面白いとはいえない原稿を読むことになりました。時間もかかるし、かなりの重労働です。文章もわかりにくく、眠気との闘いでした。そんなとき、

私が高校生時代の部活で経験した、一生忘れることのない出来事です。

という一文からはじまる原稿があり、興味が湧きました。こうした文章が出てきたとたん、「どんな話だろう?」と引き込まれるのです。やはり「エピソード」には人をひきつける力があり、また、エピソードは人の記憶に残りやすいのです。

営業マンであれば、自分の「物語風」の自己紹介文をぜひつくってください。「高

校生のとき、私の一生を変える出来事が起こりました」――あなたにも、こんな一文ではじめられるエピソードは何かないでしょうか？

ぜひ思い起こしてみてください。

それを読んだ人は、あなたのファンになってくれるでしょう。

それを「型」として持っておくことを、あらゆる営業マンにおすすめします。これは「リアル営業」においても役に立つので、つくらない手はありません。

あなたのファンを増やす「エピソード」はないか？

「あいさつ文」と「お役立ち情報」でお客様をひきつける

前項の「自己紹介文」に続き、次は「あいさつ文」と「お役立ち情報」についてお話しします。

「アプローチレター」は、

・自己紹介文↓あいさつ文↓お役立ち情報

という流れで構成しますが、二回目以降は「自己紹介文」は必要ありません。毎回「物語風」の自己紹介文を載せるのはおかしいですからね。

「あいさつ文」↓「お役立ち情報」

というシンプルな流れで構成すればいいでしょう。

「あいさつ文」には、

「自分の身のまわりで起きたこと」＋「お客様を気にかけていること」

を書きます。

また「お役立ち情報」は、文字どおりの意味で、お客様にとって役立つ情報を伝えます。

これを欠かさずに書くことは、お客様に読んでもらい、中長期で接点を持ち続けるための重要なポイントです。

また、「お役立ち情報」を伝えることは、さらに詳細な資料やパンフレットを読んでもらうことにもつながります。

例を二つ挙げてみましょう。

【あいさつ文】

こんにちは。最近、子供がなついてきてうれしい菊原です。(↓自分の身のまわりで起きたこと)

だんだん暖かくなってきましたが、寒の戻りの折、体調を崩されないよう十分にお気をつけください。(↓お客様を気にかけていること)

【お役立ち情報】

さて、今回は、「サンプルで見た色と全然違うじゃないか!」問題についてお知らせします。

サンプルで見る色と実際の色とでは、イメージがガラッと変わってくる場合があります。この「失敗例」を知るのと知らないのとでは、家づくりに大きな違いが生まれるのです。

たとえば……

【あいさつ文】

こんにちは。週二回のソフトボールで体を動かしている菊原です。ここ最近、夏日が続いております。家の中でも熱中症に注意。水分をこまめに取ってくださいね。

【お役立ち情報】

さて、今回は、「コンセントの場所をよく考えていなかった!」問題についてお知らせします。

必要な場所にコンセントがない――じつはこの失敗はとても多いのです。「失敗しないコンセントの配置」についてまとめました。

たとえば……

いかがでしょうか。

「あいさつ文」については、それほど長い文章にする必要はありません。どちらも簡潔にまとめればいいと思いますが、**毎回、ちゃんと文章内容を変え、〝コピペ〟感が出ないようにする**ことがポイントです。

心理学に「自己開示の返報性」というものがあります。ごく簡単にいうと、「自分がオープンな態度で接すると、相手も心を開きやすくなる」という法則です。

「あいさつ文」で少しずつ自己開示しながら、お客様を気にかける一言を伝え、お客様の心をオープンにしましょう。それがいざ本格的な商談がはじまるときに効いてきます。

次項からは、「お役立ち情報」についてさらに詳しく解説していきたいと思います。

上手な「自己開示文」でお客様との距離を縮める

「他のお客様の後悔」をお客様は読まずにいられない

人間には**「快楽を求めるより、苦痛を避けることを優先する」**という法則があります。これは、人間だけでなく単細胞生物まで共通しています。

この法則は、人のDNAに組み込まれているもので、生物は「『生き延びる』ことを優先する」行動を取るようにプログラミングされているのです。

だから、**お客様は、「買ってこんなに満足しました！」という他の購入者の情報は**

無視できても、「買う前にこれだけは知っておきたかった……」といった情報は読まずにいられません。

無視することができないのです。

これは理屈ではなく、人間の本能によるものです。このことを文章にうまく活用しましょう。

私が「お役立ち情報」によく書いていたのは、

「住宅購入者であるお客様の失敗談」

でした。

これはお客様にとって、特に本気で購入を考えているお客様にとっては読まずにはいられない話なのです。

具体例をお話ししましょう。

前にも述べたように、住宅を購入する多くのお客様は、「絶対、失敗したくない」と強く思っています。人生に一度の大きな買い物ですから、当然です。

そこに「こんなはずじゃなかった……」という他の購入者の後悔（失敗談）が載っている知らせが届いたらどうでしょうか？

「これだけは目を通しておこう」と思うものです。


逆に、これが、お客様の「成功談」だったらどうでしょう？

もちろん興味のあるお客様もいますが、拒絶したくなるお客様もいると思います。

「はい、はい、よかったですね……」

「まぁ、これだけお金をかければいい家になるに決まっているでしょ」

「どうせ、いい部分しか載せていないんでしょ」

と、こんなふうに思われてしまう危険性があります。


しかし、「失敗談」にはそういった心配がありません。


「もっと洗面所を広くすればよかった？　なるほど、そうなんだ」

「押入れの奥行きが浅くて布団を入れにくい？　そういう細かいところも大事だな」

「駐車場が狭く、車庫入れがストレスに？　うん、これはウチも要注意だ」
「濃い色の床は傷が目立つ？　それは困るな」
「窓が大きすぎると暖房効率が悪くなる？　へぇ、知らなかった」

……このような話は、成功談よりずっと参考になります。だから、読まずにはいられないのです。

あなたが扱っている商品にも、お客様が必ず、「買う前に知っておきたかった……」という情報があるはずです。こういった項目をリストアップして「お役立ち情報」としてお客様に伝えましょう。

もちろん、これは「営業レター」だけでなく、〝リアル営業〟におけるトークでも、さまざまな場面で役に立ちます。

「成功談」より「失敗談」を書け

「失敗談＋α」のハイブリッド文章を作成する

前項で、「お客様は、他のお客様の『失敗談』は読まずにはいられない」という話をしました。

だから私は、「中長期のお客様」に対して、

「お客様が、買う前にこれだけは知っておきたかったこと」

という内容の文章（レター）を送っていました。

これも先にふれましたが、人（お客様）は本能的に「快楽を求めるより、苦痛を避

けることを優先する」ので、成功談は無視できても失敗談は無視できないのです。

ただし、ある住宅販売の営業マンは「成功談」をお役立ち情報としてお客様に伝え、うまくいっていました。

「成功談」といっても、「夢を叶えました！」的な内容ではなく、お客様の「こんな工夫をしました！」「こんな楽しいことがありました！」といった内容です。

・このリビングに合う素敵なソファを買いました！
・こんな家具をリサイクルショップで見つけました！
・新しい家に家族（ペット）が増えました！
・ここはＤＩＹで、自分たちでつくりました！

実際にこの営業マンのレターを見せてもらったのですが、まったく「売り込みくささ」を感じません。「なるほど、これならお客様の購買意欲が高まるだろうな！」と感じました。

こういった情報はもちろんオーナーさんから直接お聞きするのですが、「お客様のよかったこと、嬉しかったことをお聞きするため、会話も楽しいものになるので、すごくいいんですよ」

と、その営業マンはいっていました。

なるほどな、と思いました。

私自身は「失敗談」を集めるために、「こんなはずじゃなかった、と思ったこと、もう少しこうすればよかった、と思ったことがあれば教えてください」と、ネガティブなことばかり聞いていたので、ちょっと反省しました。

失敗談オンリーではなく、プラスαで何かポジティブな話を、売り込みくさくならないように注意しながら「お役立ち情報」に付け加えるようにしてみましょう。

「ネガティブオンリー」の文章に要注意

あなたの「失敗談」は、あなたのファンを増やす最高のネタ

前項の話にも共通しますが、「他人の不幸は蜜の味」というように、誰かの、

「こんなにうまくいきました！」

「私はこんな成果を出しました！」

という文章に人はあまり興味を持ってくれません。それどころか反発を覚えることもあります。

「はい、はい、すごいですね」

「なんだ、自慢か？」

「なんか、イヤな感じ」

と。

人は「失敗談」にこそ、興味を持ってくれます。


あなたの周囲にも「この人の話は面白い！」という人がいるでしょう。そういう人は自慢話などせず、不幸話や失敗談を面白おかしく語る人ではないでしょうか。

営業マン同士の会話でも、楽しく過ごしたときのことを思い返してみると、互いの「失敗談」をたくさんしていました。

「新規のお客様にアプローチをしたけど大失敗」

「こんな対応ミスでお客様を激怒させてしまった」

「成約をあせって最後の最後で……」

など。

時には「そんなひどい目にあったのか……」と、正直、恐ろしくなることもあるほどです。ただ、「いまとなっては」で面白く、そして興味深いものです。

「失敗談」がなぜ面白いのか。その理由の一つに、「その人が常に挑戦しているから」ということが根底にあるように思います。だから、売れている営業マンほど失敗談が豊富なのです。

毎日、同じ環境で同じことをしていれば失敗する確率はほぼなくなります。

私の知人で何年も同じような話をする人がいますが、こういった人の話にはあまり魅力を感じません。

あなたも人から「今日も何事もなく平和に終わりました」という話を聞いても、べつになんの興味も湧かないはずです。

やはり、新しいことにチャレンジし、そして失敗している人の話を聞くのはワクワクするし、また勉強にもなるのです。

あなたも失敗することがあるでしょう。

もちろん、その失敗を繰り返さないように反省することは必要です。ただし、**失敗をしっかりと反省したら、次はそれを面白おかしくネタにして、お客様に情報発信し**

てしまおうというタフさ、したたかさを持ってほしいと思います。

「○○で失敗しました」――このタイトルは効きます。

「お役立ち情報」で、書くことが思いつかないときは、自分の「失敗談」を書くことを考えてみてください。

私の例を挙げてみましょう。

ちょっとした不注意で私はお客様の信頼を一瞬で失いました。

入社一年目のことです。お客様からの建物の構造変更の依頼を現場に伝えないまま工事が進んでしまったことがありました。

原因は、「このくらいのことなら忘れずに、記憶できる」とお客様の話をメモしなかったこと。その結果、お客様にも会社にも大迷惑をかけてしまいました。

それ以来、どんなことでも必ずメモをするようになりました。いまはこのお客様といい関係に戻りましたが、当時のことを思い出すといまでも冷や汗が出ます。

このような「**失敗談**」は「**お役立ち情報**」**としても実際に役立つのと同時に、お客様の共感を得ることができ、お客様を、あなたを応援してくれる「ファン」にできる可能性がある**のです。

まさに一石二鳥の「失敗談」の威力、すごいと思いませんか？

「○○で失敗しました」——このタイトルは興味を引く

私が多用している文章テンプレート「2ブロック法」

さて、53ページで「アプローチレター」の例文として次のものを挙げました。

【あいさつ文】

こんにちは。最近、子供がなついてきてうれしい菊原です。(↓自分の身のまわりで起きたこと)

だんだん暖かくなってきましたが、寒の戻りの折、体調を崩されないよう十分に

お気をつけください。（→お客様を気にかけていること）

さて、今回は、「サンプルで見た色と全然違うじゃないか！」問題についてお知らせします。

【お役立ち情報】

サンプルで見る色と実際の色とでは、イメージがガラッと変わってくる場合があります。この「失敗例」を知るのと知らないのとでは、家づくりに大きな違いが生まれるのです。

たとえば……

これは、なにも「アプローチレター」だけでなく、通常の手紙でも、メールでも、ブログでも、ＳＮＳでも、テンプレートとして使うことができます。

①あいさつ文（自分の身のまわりで起きたこと＋相手を気にかけていること）

②本題

たとえば、このような感じになります。

〇〇様
こんにちは。

最近は毎夜ストレッチを行なっている菊原です。おかげでよく眠れるようになり、体調もいいです。

ここ最近、急に朝晩が冷え込むようになってきました。風邪などひかないようご注意ください。

さて、今日はご相談がありましてご連絡させていただきました。

ご相談とは～


といった感じになります。

このテンプレートですが、じつは、もともとはハウスメーカー時代の研修で、**「アイスブレイクのためのトークテクニック」**として教わりました。

「アイスブレイク」とは、相手の緊張感を解くためにする雑談、ちょっとした会話のことです。この研修で、

「いきなり本題に入らないこと。その前にまず自分のことと、相手を気遣う・ねぎらう一言を伝えるようにしなさい」

と教えられたのです。

特に忙しいときや、あせっているときなどは、いきなり本題に入りがちです。気持ちはわかりますが、そういうときこそ「アイスブレイク」を忘れないことです。

①自分の身のまわりで起きたこと＋相手を気にかけていること

②本題

この「型」は、覚えておいて絶対に損はありません。会話でも、文章でも使える手法なので、ぜひ身につけてください。

「型」を使えば、感じのいい文章がサクサク書ける

「デッドライン」が、あなたの書く力を磨いてくれる

文章というのは「デッドライン」が明確なほうが書き進めやすくなります。

たとえば、上司から「一時間以内にこの案件についてまとめてくれ」といわれたとします。

制限時間がないと「何を書こうかな……」とあれこれ考えて、一時間などあっという間に経ってしまうでしょう。

時間が決まっていれば、グズグズ考えてはいられません。速やかに手を動かしてパソコンに文字を打つしかなくなります。そして、なんとか決められた時間内にやり抜いてしまうものなのです。

文章を書くためのコツは**「デッドライン」**を設定することです。

こう聞くと「時間が迫ってくるのであせっていい文章が書けない」と思う人もいるでしょう。

しかし、リミットがなければ、いつまでも「ああでもない、こうでもない」と考えてしまい、ムダに時間が過ぎます。

また、完璧主義の人は「これはダメだ」「これもダメだ」といつまでも仕上げることができなくなります。

「書く力のある人」は、「デッドライン」の意識を持っています。私も、制限時間を守ることに関しては自信を持っています。

いままで七五冊以上の本を出版しましたが、一度も締め切りに遅れたことはありません。もちろん、完璧な原稿が書けるわけではありませんが、とにかく締め切りだけは絶対に守るようにしています。

これは、営業マン時代からそうでした。たとえば、「この日までにお客様に見積りを出す」と決めたら、何がなんでも守り抜きました。

徹夜になったこともあり、つらい経験もしましたが、それがいまにつながっています。どんな仕事でも「デッドライン」を設定し、それを守るクセがついています。

・その日のブログは三〇分以内で書く
・本の原稿執筆に一日一時間以上はかけない
・メールは一分、込み入った内容の場合でも三分以内で書く

……誰かから強制されているわけではありませんが、自ら「デッドライン」を設定しているのです。

文章を書くのなら、必ず「デッドライン」を設定してください。はじめは苦しいかもしれませんが、すぐに慣れて、自分なりの文章フォーマットも確立されていき、どんどん文章が書けるようになります。

「制限時間を設定するとあせっていいものが書けないし、ミスも多くなるのではないか……」と思うかもしれません。

しかし、先述したように、営業マンに必要な「書く力」は、「美しい文章」を書くことでも「正しい文章」を書くことでもありません。何かの文学賞に応募するための原稿ではないのです。お客様とつながり、信頼関係をつくり上げ、そして結果を出すための文章です。

「いい文章を書こう」などと考えず、できるだけリラックスして、お客様のためになること、お客様に喜んでもらえることを楽しんで書く。

それが、営業マンの「書く力」の基本だと私は考えています。

「美しい文章」も「正しい文章」も必要ない

3章

あなたの魅力を高める文章テクニック

——「読み手に刺さる」手紙、メール、ＳＮＳの書き方

ベテラン営業マンも人気ブロガーも伝えられていないこと

私が三六五日×一五年以上、「住宅営業マン日記」という営業に関するブログを更新し続けていることは前述しました。

いまはたくさんの発信ツールがあります。

営業マンは、これを活用しない手はないと思うのです。

個人でブログを立ち上げてもいいし、noteを活用してもいい。SNSでもいいでしょう。自社のホームページを使ってもいいし、とにかく自分をアピールする文章

をどんどん発信してほしいと思います。

そのために一番のポイントとなるのは、

「自分の人間的側面を伝える」

ということです。

押しつけることなく、さりげなく「私は信頼するに値する人間です」と伝えることが大切になります。

お客様は、なによりも「信頼できる営業マン」を探しています。であれば、お客様にそう思ってもらえる文章を書く必要があります。

そのためには、**これまでのビジネスでの経験や実績の話だけではなく、プライベートについても伝える**ことが重要です。

- **自分はどんな人間か？**
- **出身地はどこか？**
- **出身校はどこか？**

・どんな家族構成か？

・好きなスポーツは？

・最近興味のあるテーマは？

……そんな側面が伝わると、お客様に「親近感」を持ってもらうことができます。

「人間的側面を伝える」↓「お客様に親近感を持ってもらえる」↓「商談がスムーズになる」↓「成約につながる」という図式です。

そんな単純にうまくいく？

そう思う人もいるかもしれませんが、これをきちんと実行している人は意外と少ないのです。

以前、私の講演会に参加してくれた、あるベテラン営業マンとお話ししました。

話を聞くと、彼は私の推奨している「営業レター」のノウハウに興味を持ってくれていて、さらには、私のブログやメルマガもよく読んでくれていました。

そして、彼がお客様に送っている「営業レター」を実際に見せてもらうことになりました。

「私の講演会にも来てくれるくらいだし、ブログもメルマガも読んでくれているくらいなので申し分ない内容だろうな」と思いながら見たのですが、読んですぐに「これはダメだ。商品説明だけじゃないか。自分の人間的側面を伝える要素がまったくない」と感じました。


正直、ショックを受けました。

「本でも講演会でも、ブログでもメルマガでも、さんざん伝えていることなのに……こんな大切なポイントも押さえてもらえていないのか」

と。


また、個人コンサルティングで、ある人気ブロガーから相談を受けたことがあります。この人の悩みは、「閲覧数のわりに売上が伸びない」ということでした。

彼のブログでは、話題の商品がわかりやすく、魅力的に紹介されています。

しかし、「本人の情報」がまったくないのです。ただただ商品説明に終始している文章です。

お客様にとっては、「何を買うか」が大事ですが、「誰から買うか」も同じくらい大事なのです。文章がうまいだけでは売れない、という典型的な例でした。

「この人から買いたい」と思わせるには、人間的側面を伝えることが必須なのです。

これは、〝リアル営業〟においても同じではないかと思います。

話が上手で、商品説明も抜群にうまいのに、いまいち売れない――。

そういう営業マンはごまんといます。

彼らは「自分のこと」を伝えられていないのです。だから「この人から買いたい」と思ってもらえないのです。

売れない営業マンは「自分という人間」を伝えられていない

全営業マンが知っておくべき「ザイアンスの法則」

営業ノウハウを語る上で、

「ザイアンスの法則」

は外せません。

この法則は**「単純接触効果」**ともいわれます。

ようするに、

「繰り返し接するとその人への好意が強まったり、印象がよくなったりする」

ことをいいます。

人は、知らない人に対しては警戒感を持つものですし、接触回数が多いほど親しみを感じるものです。

たとえば、赤ちゃんは知らない人を見ると警戒して緊張します。感じのいい人であっても、近づいていきなり顔をのぞき込めば泣き出してしまいます。

しかし、大人でも泣き出したくなるような強面（こわもて）の人であっても、数回会っているうちに、親近感が湧いてしまうものなのです。

「ザイアンスの法則」は、人間の防御本能を表していると私は考えています。そして**「最強の営業心理術」**とも考えています。

じつは、**私の営業ノウハウの根幹部分は、「ザイアンスの法則」から成り立っている**といえます。

この法則は有名なので、耳にしたことがある人も多いでしょう。だから、「ああ、これは前にも聞いたことあるよ」と軽くとらえている人も多いはずです。しかし、この法則をうまく使いこなしている人はほとんどいません。

たとえば、交流会などで名刺交換をしたとします。

そもそも交流会に参加する目的は「人脈づくり」ですから、その後にメールなどで「先日はありがとうございました」といったフォローをするのが普通でしょう。

しかし、実際のところメールを送ってくる人は一〇％前後です。そして、二回以上接触してくる人はほぼいません。一〇〇人に一人か、せいぜい二人程度で、出会った人のわずか一、二％しかいないのです。

「ザイアンスの法則」は、非常にシンプルかつ効果的な営業ノウハウにもかかわらず多くの営業マンが実践できていません。ほとんどの人が活かしていないということは、逆に、実践できれば必ず頭ひとつ抜け出すことができます。

つまり、チャンスです。たとえば、**見込み客と出会ったらその後、最低でも三回接触することを試みてみる**のです。

・一回目　手紙（ハガキ）を送る
・二回目　メールを送る
・三回目　ＳＮＳでメッセージを送る

九九％の営業マンは、お客様に複数回の接触をしません。せいぜい一回なのです。ここにチャンスがあります。

あなただけが複数回、接触してきたらどうでしょうか？

「何度も迷惑では？」

「嫌われるかも」

「怒られたりしないかな」

……と、尻込みしてしまう気持ちもわかります。

そんなときは、ぜひ「ザイアンスの法則」を思い出してください。「もう一回、アプローチしてみよう」という勇気が湧いてくるはずです。

出会った見込み客には最低三回「文章アプローチ」をしてみる

自分をちょっと盛る“ティーアップ文章術”

コミュニケーション術の一つに、

「ティーアップ」

というものがあります。

「ティーアップ」というのは、もともとゴルフ用語で、ティー（台座）にボールを乗せることです。コミュニケーション術における「ティーアップ」とは、相手を「ちょっと持ち上げる」ことを指します。

「ちょっと」というのがポイントで、大げさに絶賛したり、褒めたたえたりすると、おべっかだと思われたり、しらじらしいと思われたりして、かえって逆効果になりかねません。「さりげなく」相手を持ち上げる。それがコツです。

たとえば、

「そのネクタイ、お似合いですね」

といってみる。すると、

「そうですか？　ありがとうございます。じつは息子が選んでくれまして」

などと、会話が弾むきっかけになりますし、相手の家族構成の情報が得られたりすることもあります。

この「ティーアップ」は、相手に対してだけでなく「自分」に対しても行なうことができます。つまり、**自分で自分をちょっと持ち上げる、いまどきの言い方をすれば、「自分をちょっと盛る」**ということです。

ここでもやはり「ちょっと」というのがポイントで、自画自賛したり、自慢話になったりしないようにしなければなりません。

たとえば、私自身の「ティーアップ」の一つの方法は、

「名刺に一言添える」

ことです。

仕事柄、私はいろいろなビジネス系の会合に参加します。

名刺には、いままで出した本の代表作の表紙画像を載せていて、さらに吹き出しをつけて、そこに手書きで一言を添えるようにできています。その会合のテーマや目的に合わせて、名刺に一言を書き込めるようにしているのです。たとえば、

・〇冊の本を出版しています。
・〇月に新刊が出ます。
・こんな本をいま書いています。

など。

いま著作は七五冊以上ありますが、「七五冊の本を出版しています」と一言添えて

名刺交換をすると、それが目に入るため、「へえ、本をたくさん出しているんですね」といわれます。そして「七五」という数字を見て、「しかも七五冊も！　すごいですね！」となるのです。

もちろん、自分から「本を出しています」「〇冊も書いています」などと口にしたりはしません。自画自賛、自慢話と思われたら失敗です。**あくまでも名刺にさりげなく書き込んでおくのがポイントなのです。**

もし、これが会社名や名前だけだったらどうでしょうか。

「今日は群馬県からですか」などといわれるくらいでしょう。さして話は弾まず、「では、また。よろしくお願いします」と話は終わることになります。

これでは相手にインパクトは与えられませんし、何もアピールできません。ましてや何かビジネスの話に発展することなどありません。

このことは、対面での会話だけでなく、メールやSNSにおける文章のコミュニケーションでも大切なポイントです。相手から興味を持ってもらえなければ、その後の関係発展はないのです。

「あなたは本を出しているからいいけれど、私にはそういう武器がないから」

という人もいるでしょう。

そんな人に、おすすめなのは、**相手が何か「質問」をしたくなる「ティーアップ」文章を載せる**ことです。

私はハウスメーカーの営業マン時代、こんな文章を使ったりしていました。

・お得な住宅ローンの組み方に誰よりも詳しいです。

・週三回ラーメン屋に行っているので、うまい店を知っています。

・低価格で魅力的な家具をそろえる方法もお教えします。

あなたもぜひ考えてみてください。

相手が思わず質問をしたくなる一言を活用する

ただし、文章の盛りすぎはあとで後悔する

かつて私がファンだった著者がいました。

独特の視点と、切れ味の鋭い文章が、じつに面白く、読んでスカッとするのです。

当時、この著者はどこにも顔を出していなかったのですが、著書やブログで語られていた自己像から「颯爽(さっそう)としていてかっこいい人に違いない」と思っていました。

あるとき、知人を通してその方とお会いする機会に恵まれました。ワクワクしなが

ら出かけていき、いよいよ対面したのですが……目を疑いました。

スーツはヨレヨレでブカブカ、髪型は坊ちゃん刈りで、レンズの汚れた安っぽいメガネをかけて……見た目にまったく気を使っていない感じです。はっきりいってしまうと、ダサい。「あの自己像は相当盛って語られていたんだ」ということがわかりました。

まあ、「きっとかっこいい人だ」と勝手に思い込んでいた私も悪いのですが……。


何をいいたいかというと、**いまの時代、発信ツールがたくさんあり、営業マンも積極的に活用していくべきだと思いますが、「自分を盛りすぎる」のはやめましょう、**ということです。

スマホの加工アプリもたくさんあり、見た目（写真）を簡単に、あっというまに盛ることができる時代ですが、ほどほどにしなければなりません。

自分の長所をアピールするときにも、たとえば、「私は真面目で慎重な人間です」といった印象を持ってもらおうと自分を盛ってしまい、本当はどちらかというとノリがよくて少々おっちょこちょいだったりすると、実際に会って話をしていくうちに「あれ、イメージと違うな。あれは嘘だったのか」と思われて、かえってマイナスになってしまいます。「なんか信用が置けないな」と思われてしまうでしょう。

であれば、正直に伝えたほうがその後の関係にプラスです。

以前、研修でお会いした営業マンAさんのことです。

この方は、なかなかの〝ゴツイ顔〟です。にもかかわらず、美容にこだわっていて、スイーツなんかも大好き。Aさんは、ウェブ上で、自分のことを次のようにお客様に伝えていました。

「男ですがスキンケアにこだわっている私です」

「最近、○○のブランドにハマっています」

「○○のほうじ茶ラテは最高にうまい！」

この文だけ見ると、どうでしょう。「シュッとした、オシャレ男子だな」といった印象を受ける人が多いはずです。

しかも、掲載している写真はかなり加工をしています。いざ会うことになったとき、お客様は「オシャレなイケメンが来るんだろうな」と期待するでしょう。

しかし、実際はそうではありません。ゴツイ顔の営業マンが登場するのです。お客様は、「あれ、なんか思っていた人と違う……」とがっかりするでしょう。

私は、文章を修正するようアドバイスしました。

思い切って自虐的に、

「顔はゴツイですが、じつは美容やスイーツに詳しいAです」

と書いたらどうか、と。

むしろこのほうが絶対にお客様に興味を持ってもらえるよ、好かれるよ、と伝えました。そうしてみたところ、実際に、お会いしたお客様からの好感度が上がったようです。

文章だからなんとでも書けるだろうと、自分を盛りすぎるのは要注意です。

また、自分の実績をひけらかすのも逆効果になることがあります。

ブログやＳＮＳには「オレはこんなすごい実績を出したぞ」という自慢の投稿がわ

んさかありますが、これを嫌う人は少なくありません。

私もちょっと前に、失敗をしました。

コロナ禍となり、リモートの仕事が増えたことで、外に飲みに行く機会が激減し、自然と体重が落ちたのです。

久しぶりに会う人から「あれ、やせましたね」「なんか精悍な印象になりましたね」などといわれるようになりました。

ちょっと嬉しくなって、ブログで「最近、〝コロナやせ〟でシュッとした菊原です」と書いたのです。

私としては、さして自慢でもなんでもなく、悪気もありませんでしたが、知人からこの内容について、「それって嫌味にしか聞こえないし、いまコロナで苦しんでいる人も多いからやめたほうがいいよ」と指摘を受けました。

たしかに、コロナで大変な苦労をしている中で、「コロナのおかげでやせました!」などといわれたら腹が立つ人もいたでしょう。今後は気をつけようと反省しました。

自分では悪気がなくても、「それって自慢?」などと勘違いされることはあります。

「文章ならどうとでも書ける」という考え方はNG

文章を書く際は、

「これを読んで、不快に思う人がいるだろうか?」

という視点で必ず一度チェックしてください。

修正点が見つかることは多いです。

文章の価値を倍増してくれる「ハロー効果」

心理学の一つに**「ハロー効果」**というものがあります。

ハロー効果とは、人や事物の「ある一つの特徴」についていい印象を受けると、他のすべての特徴も実際以上に高く評価してしまうことをいいます。

たとえば、わかりやすい例として、「有名な大学の論文やデータというだけで、必要以上に高く評価される」というようなことです。

・ハーバード大学の調査
・スタンフォード大学の研究結果
・東京大学大学院の分析データ

いかがでしょうか。

「読む前から」これは確かな情報に違いない、と思うのではないでしょうか。

同じ調査結果だとしても、「イチ営業マンの調査結果」より「文部科学省の調査結果」のほうが読み手は価値を感じます。


以前、営業に関する論文が送られてきたことがありました。

そこには有名大学の名前が入っており、三人の教授の顔写真が載っていました。読む前から、「お、これはすごそうだ」と期待を持ったのを覚えています。

しかし、最後まで読んでみたところ、内容的には「営業を少しかじっている人ならみんな知っているし、当たり前のこと」といった内容でした。

もし、そのあたりのコンサルタントが書いたものであれば、おそらくはじめの二、三ページしか読まなかったでしょう。しかし、「ハロー効果」により、最後まで読んでしまったというわけです。

ここまでの話を聞いて、
「自分には特に、そんな効果を生み出せるものは何もないしな」
と思った人もいるかもしれません。

しかし、**「ハロー効果」というのは、じつはちょっとしたことでもきっかけになりえるのです。**たとえば、**「字がうまい」というだけで「仕事ができる」と思わせるハロー効果が生まれる**という報告もあります。あなたの魅力を高めるポイントは、じつは意外なところにあったりするのです。

私はハウスメーカーの営業マン時代、よくこんな言葉で「ハロー効果」を狙っていました。

・営業所で「節税」に一番詳しいです。

・有利なローンの組み方について徹底してご相談に乗ります。
・高崎エリアなら知らない物件はほとんどありません。

……いかがでしょうか？

こんなことでも、十分にハロー効果を生み出す武器になりえるのです。お客様に「アプローチレター」を送るとき、自分の魅力を高めるためのネタとして使えるはずです。ぜひ探してみてください。

ただし、「ハロー効果」を狙うとき、「やりすぎ」は禁物、ということはお伝えしておきたいと思います。

あまりに大げさだったりすると、むしろ警戒されてしまう危険性があるので注意が必要です。

以前、メールで、

「元副総理のスピーチ原稿をつくっていた者です」

といって接触してきた人がいました。

本当かどうかはわかりません。もしかしたら本当だったのかもしれませんが、「なんかあやしい」「うさんくさい」という印象しか受けませんでした。

先の「ティーアップ」も同じですが、必要以上に自分を盛るのは逆効果になります。自分なりに「絶妙なライン」を探りつつ、うまく「ティーアップ」したり、「ハロー効果」を活用したりしてください。

自分の魅力を高める〝意外なネタ〟を探せ

文章も「第一印象」がものすごく大事

最近は、対面営業が減った分、「営業メール」が増えてきました。

私のメールボックスにも毎日たくさん届きます。

私は「営業コンサルタント」という仕事柄、仕事の参考に開封する営業メールもありますが、ほとんどは読まず、すぐに消去してしまいます。

「読まれない営業メール」にもいろいろありますが、**一番読まれないメールは改行が**

少なく文字が詰まっている文章です。

これは、一瞬でゴミ箱行きです。

文章による営業でも対面営業と同じく「第一印象」が重要です。

どんなにすばらしい文章だとしても、文字がぎっしり詰まっていたら「読むのが面倒だ」と思われてしまい、読んでもらえないのです。

お客様は文章をパッと見で判断します。

「読みやすいレイアウト」とはどんなものかを研究しましょう。これを研究することは、いい資料や広告、チラシなどをつくるための「書く力」を磨くことにもつながっていきます。

さて、読みにくい文章は論外として、パッと見で「この人にお金は払えない」という印象を受けるものがあります。

以前、娘の塾を探していたときのことです。ネットで情報を集めていました。ある塾講師がブログに顔写真を載せていました。

顔写真を載せるのは悪いことではありません。私も「アプローチレター」にはよく写真を載せていました。

ここまでお伝えしたように、自分の「人間的側面」をお客様に伝え、親近感を持ってもらうことが営業マンにとっては大切で、そのためには有効です。

ただ、私が見た塾講師の写真は逆効果でした。

値段は高そうだけれど品のないスーツを身にまとい、にらみつけるような顔で腕組みをした男性。髪型は金髪のロングヘアー。

一瞬で「うさんくさい」と感じました。

この人は人気講師なのかもしれませんし、実力もあるのでしょう。書いてある経歴や実績をよく読めばわかるのかもしれませんが、この講師（塾）は選ばないと決めたので、それ以上は読みませんでした。

私は、**営業マンは「ワル目立ち」すべきではない**と考えています。

これは「文章による営業」でも「対面による営業」でも同じです。

営業内容や営業法にもよるのかもしれませんが、特に「初対面」においては、基本的に「誠実」なイメージを伝えることが大切です。

そして「第一印象」がいい営業マンのほうがより多くのチャンスに恵まれ、結果を出し続けることができる、と考えています。

第一印象がいい営業マンは、文章でも同じ

「書くネタ」が無限に湧いてくるテクニック

私はよく、ブログを読んでくださっている人から、「よくそんなに書くネタがありますね」といわれますが、もちろんネタに困るときもあります。

そんなときに役に立つテクニックがあります。

それは、

「できる人をネタにする」

という方法です。

文章では、「自分」のことだけを書く必要はありません。身近にいる、「できる人の話」「面白い人の話」「いいお客様の話」などを書くネタにしてもいいでしょう。

私のブログは、「営業で結果を出すためのヒントにしてほしい」と思って書いていますから、「できる営業マンの話」をよく取り上げます。

研修先の企業の社長さんから聞いた話です。

この会社では、営業マンが交代でブログを書くことにしたそうです。最初は、更新頻度も高く、みな力を入れて書いていました。

しかし、三か月もすると、みなネタ切れになり、更新頻度が減り、そのうちまったく更新されなくなり……という、よくあるパターンに陥りました。

しかし、社長によると「最近はまた更新頻度も上がり、内容もよくなった」といいます。その理由を聞くと、

「お客様のことを書くようにしたんだ」

とのことです。

各営業マンが、自分の担当しているお客様について、「ぜひブログでご紹介させて

ください」とお願いし、承諾を得られたら、実名もしくは匿名で紹介します。内容はさまざまです。

「Aさんのお子さんが剣道で県大会に出場」「Bさんが前橋市でレストランを開業」など、各家庭で何かしらのニュースがあるので、それをブログに書くそうです。

「自分以外の人の話でもいい」と視野を広げたとたんにネタは無尽蔵になり、みなブログを書き続けることができるようになったそうです。

もちろん、いやがるお客様もいるようなので、無理強いはしません。紹介されることを喜んでくれるお客様だけ取り上げます。

そして、これが大きなメリットなのですが、**お客様のことを書くと、そのお客様が「このブログに自分が紹介されているから読んでよ」と友人や知人に広めてくれる**のです。

これが、新たなお客様の獲得に広がっていく可能性も大いにあるのです。

お客様のトピックを書くネタにしてみる

知っておくべき「雑談部分」の文章の魅力

66ページで紹介したように、私の文章は、基本的に「あいさつ文」（自分の身のまわりで起きたこと＋相手を気にかけていること）→「本題」という2ブロックで構成されていますが、「自分の身のまわりで起きたこと」を書くときは、

「最近、○○にハマっている菊原です」

といった内容が多いです。

ただ、そういったネタがない場合、ブログでは、「今日一日の予定」や「今日の楽しみなこと」などを書いています。

・今日は大学の授業日です。
・今日は家でじっくり本でも読もうと思っています。
・今日は○○の飲み会があります。
・今日はお世話になっている社長とゴルフの日です。

その後に書くブログの内容とは、なんら関係がありません。いってみれば「必要のない文章」です。

しかし、「この部分が好き」だといっていただけることも多いのです。

たわいもない文章ですが、これは二つの大切な役割を担っています。

一つ目は、**「文章をスムーズに書き出すためのリード」**の役割です。

ブログをはじめたころは、「今日はなかなか書き出せない」という日が続いたことがありました。

　こういったときに、パソコンとにらめっこしていても文章は書き出せません。時間が経てば経つほど「早くしないと……」とあせってしまうばかりでした。

　そんなとき、ふと、「今日はソフトボールの試合日です」と打ち込んでみました。これがきっかけとなり、肩の力が抜けて、書き出すことができたのです。

　そして、「そうだ、こういう書き方を自分のスタイルにしよう」と決めたのです。


　もう一つの役割は、**「仕事の幅が広がること」「プライベートでも声がかかるようになること」**です。

「今日は『時間術』の研修です」といった文章を書くことで、「営業レター」だけではなく、時間術の話もできるんだな」と相手に知らせることができます。そして、次の依頼につながったりするのです。

　また、親しいお客様なら、ブログを見れば私のスケジュールがなんとなくつかめるので、「ゴルフに誘ってみよう」「ランチでも誘ってみよう」ということで連絡があり、おつきあいを深めるきっかけとなるのです。

ブログ、SNS、メルマガ、note……いまの時代、営業マンはなんらかの自分を発信するツールを持つべきです。そして、「自分のやっていること」や「今日の予定」などをあえて公表してみましょう。

意外なほどたくさんのビジネスチャンスにつながること、請け合いです。

「雑談的文章」をお客様は意外と読んでくれている

読み手のお客様を「主役」にする方法

「好感が持てる文章」と「好感が持てる話し方」には共通点があります。

どんな話し方をする営業マンにお客様は好感を持つでしょうか？

たとえば、自分の話をよく聞いてくれる営業マンにはお客様は好感を持ちます。一方的に話す営業マンには嫌悪感を持ちます。

以前、「話す時間」について考えさせられる出来事がありました。

Aさんが企画した飲み会でのことです。

参加メンバーのBさんが、約束の時間から一時間ほど遅れて登場しました。

Bさんは遅れを取り返すかのように話し出します。

まさにマシンガントークで、まわりの人はほぼ話ができませんでした。この時間が三〇分以上は続きました。

こういった状況は心地いいものではありません。

内容自体は面白かったものの、さすがに「そろそろ勘弁してほしいな」といった空気が流れました。

このことから、私が悟った結論は、

「いい会話にするためには、話の主役は五分程度で交代しなくてはならない」

ということです。

話の流れで自分が主役になることがあったとします。そのときは、存分に話をすればいいでしょう。

しかし、その時間があまり長くなってはいけません。五分程経ったら、「〇〇さんはどうですか？」と主役を自分以外の人にチェンジするべきです。

私が長く参加し続けている会合では「主役がどんどん代わる」という暗黙のルールが守られています。だから、居心地がよく、おつきあいが続くのだと思います。

これは、会話だけでなく文章でも同じです。

「営業レター」でも、「営業メール」でも、

「私にはこんな実績があります」

「ウチの商品はすごいです」

「他社と比べてもこんなに優れています」

「ぜひご購入をおすすめします」

と、たたみかけるように書き続けたらどうでしょうか？

読み手は辟易（へきえき）する、または警戒する、あるいはイライラして、読むのをやめてしまうでしょう。

だから、**読み手であるお客様に適宜「主導権」を渡す必要がある**のです。

お客様を主役にするのです。

どうやって？

たとえば、私が「アプローチレター」で用いていたテクニックの一つに、文章中に、

「想像してみてください」

という一言を入れる方法があります。

たとえば、キッチンのリフォームを考えているお客様に対して「お役立ち情報」を送ったとします。たとえばそこに、次のような一文を入れてみるのです。

ちょっと想像してみてください。こんな新しいキッチンになったら、〇〇様は、どんなお料理をつくってみたいですか？

これを読んだ人は、「そうね、キッチンがこんなに広くなったら、ちょっと手間がかかるスイーツもつくりやすそう。子供たちにつくってあげたいな」などと、どんどん思いをめぐらせてくれます。

このとき、主役は読み手に移っているのです。

そもそも文章は、「読み手」のために書くものです。

文章を書きながらも自分が読み手になったつもりで、読んでいる人の想像力をふくらませられるような、ワクワクさせられるような内容を書くようにしましょう。

「想像してみてください」――この一言は使える

読み手は「プロではない」ことを忘れない

自分の文章を読んでもらうために**「もっとわかりやすくできないか」**をチェックするのは必須です。難しい表現はもちろん、専門用語、カタカナの言葉は限りなく少なくするに越したことはありません。

お客様は、「聞いたことはあるけれど正確には意味がわからない」という言葉を嫌う傾向があります。

そんな言葉が頻出する文章は、読むのをやめてしまう可能性が高いのです。

あなたのまわりにも「よくわからないカタカナ語」を使う人がいませんか？

一見、かっこいいような気もしますが、よくよく考えると何をいっているのか理解できないのです。

数人で話をしていたときのことです。

その中の一人のAさんがよく使う言葉に「バイアスがかかっている」というものがありました。

最近、ビジネスの世界でもよく使われるようになった心理学用語で、いかにも「自分はできる」ということをやたらアピールしたがるような人が使いそうな言葉です。

バイアスとは「偏りがある」といった意味です。

私は過去に心理術の本を書き、「現状維持バイアス」という内容を紹介していたので理解できました。なので、Aさんの話をスムーズに理解して聞くことができました。

しかし、他の人たちはよく理解していない様子です。バイアスと聞くたびに「?」マークの顔をしていました。これでは、話の趣旨は伝わらないでしょう。

自分が知っている言葉を、相手も知っているとは限りません。たとえば、「バイアスがかかっている」という言葉なら、「先入観にとらわれている」といった表現に置き換えるべきです。

著者仲間の四人でＺｏｏｍミーティングをしていたときのことです。

少し場が温まったとき、Ｂさんが、

「最近、何かフラストレーションはありませんか？」

と質問してきました。

私はそう聞いて、「イライラする」という意味だと思い、身近なストレスについてお話ししました。

それに対してＣさんは、「娘との関係に困っていまして」と話しはじめます。おそらくフラストレーションを「悩み、困ったこと」ととらえていたのでしょう。

また、Ｄさんは「政治に関してフラストレーションを感じます」と話していました。

これは「怒り」でしょう。

「フラストレーション」という言葉ひとつとっても、個人によっていろいろな意味、ニュアンス、とらえ方があります。

コミュニケーション不全が起こらないようにこんなふうに伝えるべきです。

「最近のフラストレーション、あなたが仕事でイライラしていることを教えてください」

と。

「補足の言葉」を伝えるとコミュニケーションはうまくいきます。

これは、話すときでも、文章でも同じ重要なポイントです。

「イキったビジネス用語」を使わない

言葉の世代間ギャップを「チューニング」する

ちょっと話をしただけで、「この人とは気が合いそう」と思うことがあります。逆に、「この人とは合わなそうだな」と感じることもあります。

あるベンチャー企業の社長とお会いしたときのことです。

この社長は二〇代後半で、見た目は学生のようなちょっと青くさい雰囲気ですが、話をしてみると、目的意識が高く、ビジネスの戦略や未来のビジョンが明確で、「なかなか、たいした人だ」と感心しました。

この会社は、本のプロモーション活動をしています。料金も手ごろだったため「お願いしてみようかな」と思いました。しかし、話を続けていると、ちょっと気になることが出てきました。

「話の中に〝略語〟が多い」ことです。

たとえば、「モチベ」「コスパ」「コミュ」などです。

モチベは、モチベーションです。コスパは、コストパフォーマンスのことで、これはもうわりと広く認知されている略語なのでいいとしますが、「コミュ」には違和感がありました。

「コミュ障」なんて言葉がたしかにあるのですが、いわゆる通常のコミュニケーションのことを「コミュ」などと略すのはちょっとへんだな思いました。もしかしたら、若者は普通に使うのかもしれませんが、私自身は違和感を持ちました。

それだけではありません。その他にいくつも略語が出てきました。話の途中で「いまの言葉はなんですか？」とは聞きにくいものです。

その結果、わかったようなわからないようなまま話が進みます。これは、なんとも気持ちが悪いものです。

結局、本のプロモーションをお願いするのはやめることにしました。

その一方、二〇歳以上離れている若者でも、世代間ギャップを感じない人もいます。言葉も丁寧で、〝おじさん〟にもわかる言葉を使います。こういった人は、普段からそういう話し方をしているわけではありません。年上の人に合わせて「言葉のチューニング」をしているのです。

お客様は、全員が自分と同じ年代の人ではありません。お客様に合わせて「言葉のチューニング」をして接しましょう。できる営業マンは、それを欠かしません。

これは、会話だけでなく「文章」でもいえることです。

文章の中に、世代間ギャップによるよくわからない言葉が何度も出てくると、お客

様は、「この営業マンは、なんか違うな」と距離を感じます。その結果、チャンスを失うことになります。

お客様の年齢層に合わせた言葉を選んで文章を書くことが大切です。文章を書く際、読み手と言葉のチューニングをすることを心がけてください。

・その業界でしか通じない専門用語を使わない
・ネットスラング、若者言葉を使わない
・カッコつけたビジネス用語を使わない
・とってつけたような四字熟語を使わない

こういったことに気をつけておくと、お客様に違和感を与えることがなくなり、コミュニケーションがうまくいきます。

「この営業マン、なんか違う」と思われたら終わり

ネガティブを
ポジティブに変える
「言葉の言い換え法」

言葉には、とてつもなく影響力があります。

たった一言で人を救うこともできますし、徹底的に傷つけることもできます。

言葉の影響力を理解して使いこなすことで、あなたが想像している以上の結果を出すことができます。


言葉の使い方がうまいなと思った事例をご紹介します。

あるメーカーの営業部門のマネジャーの方とお会いしたときのことです。

この会社は、毎朝、ミーティングをしています。そのミーティングでは、主に前日の成果と当日の活動予定について各営業マンが発表をします。

このマネジャーによると、「部下が朝のミーティングをイヤがっていて、チーム全体の士気も下がっていました」とのことでした。

部下たちの気持ちはよくわかります。私自身も営業マン時代、特に成果が出ていないときは、ミーティングが大嫌いでした。いい報告などありませんし、いい見通しもないため、地獄のような時間でした。

そこで、**そのマネジャーは、その時間を「ミーティング」ではなく「アップタイム」と名前を変えたそうです。**

これによって、雰囲気がガラッと変わったとのこと。部下たちは、「今日は○○エリアを攻めてみようと思います！」と前向きな姿勢を見せるようになったというのです。

たしかに「さあ、アップタイムだぞ」といわれると「よし！」という気分になりそうです。私も営業マン時代「アップタイム」といわれたらまた気分が違ったかもしれないなと思いました。

「名前を変えただけで?」と思うかもしれませんが、それが言葉の持つパワーです。言葉ひとつで、気分がまるで変わることもあるのです。

こんな「言葉の言い換え」は、さまざまなことに応用可能です。

たとえば、新規顧客への「テレアポ」。ある会社は、それを、新規顧客の「調査タイム」と名前を変えたそうです。このように名前を変えると、「お客様の反応がどんなものかを調査する」という雰囲気になります。

すると、先方からつれない対応やカチンと来るような対応をされても、「なるほど、このカテゴリーのお客様はこういう反応をするんだな」と、むしろ貴重な情報を得ることができた、といたずらに落ち込まずにすむようになったというのです。

これは性格にもよるところがあるのですが、普段の会話でも、文章でも、ネガティブな言葉を使いがちな人がいます。そういう営業マンは好かれにくいし、当然、結果も出にくいです。

普段の会話や文章で、どんな言葉をピックアップして用いているかは、営業マン人生を大きく左右するくらい大切なことです。実際に、結果が出ていない営業マンほど、ネガティブな言葉を使いがちなことがよくわかっています。

結果が出ていない営業マンは、たとえば、自分の性格を次のようにとらえがちです。

・気が弱い
・飽きっぽい
・せっかち
・頑固
・優柔不断

など。これを、次のように言葉を換えて、とらえ直してみるのです。

・気が弱い　↓　物腰が柔らかい

・飽きっぽい　↓　好奇心旺盛
・せっかち　↓　行動が早い
・頑固　↓　粘り強い
・優柔不断　↓　慎重

いかがでしょうか？

ぜひ、ゲーム感覚で考えてみてください。

言葉の力は無限大です。あなたが普段使いがちなネガティブな言葉をポジティブかつパワフルな言葉にチェンジしてみてください。

それは、あなたの「書く力」や「話す力」、そして「売る力」も磨いてくれます。

できる営業マンは「普段の言葉づかい」も違う

「第三者の意見」であなたの文章の信頼性を高める

営業マンとお客様の関係において一番重要なことはなんでしょうか?

本書でもくどいほどいっていますが、それは、

「信頼」

です。これに尽きるのです。

お客様は、どんなにいい商品でも、いいサービスでも、「この人は、いまいち信頼

ができない」と思えばその営業マンから購入するのは見送るものです。

生活用品のような低価格の商品は別として、家、不動産、車、高級時計、保険……といった商品は特に「信頼」がものをいいます。こういった商品の購入を検討するとき、お客様は「なにより信頼できる相談相手（営業マン）がいい」と考えます。

「アプローチレター」で、自分の信頼性を伝えるにはどうすればいいのでしょうか？ストレートに「私は信頼できる人間です」と伝えても、「自分でアピールしてくるなんてなんだかうさんくさい」と受け取られてしまいます。へたすると逆効果になることもあるのです。ではどうすればいいのか。

私は、「アプローチレター」の冒頭の「あいさつ文」に、次のような一文をよく入れていました。

先日、お客様から「あなたが担当でよかった」という言葉をいただき、なにより励みになりました。

お客様から実際に何かお褒めの言葉をいただいたときは、それを必ず活用するようにしていたのです。

これには、二つの効果があります。

一つ目は、**「第三者からの客観的な評価である」とアピールできること。**自己評価のアピールよりずっと信憑性が増すのです。

二つ目は、**「お客様の幸せを喜びとしている営業マンである」とアピールできること。**「私はあなたのために頑張りますよ」といったメッセージを伝えることができ、信頼感が増すのです。

「お客様からの褒め言葉」を利用する

思わぬ大口契約を引き寄せる「年末のあいさつ文」

ちょっとした一言がきっかけで大口契約に結びつく――。

営業職をしている人であれば、「ああ、たまにあるよね」と理解していただけると思います。

具体的な事例をご紹介します。

私は住宅営業マン時代、毎年、年末になると、これまで契約をしていただいたお客様の家を訪問して、カレンダーを配っていました。できるだけ直接訪問してお渡しするようにしていましたが、年末の忙しい中ですから、アポの調整がつかなかったお客様には郵送することになります。

そうなると、お客様の中には、「なんだ、今年は顔を出さないのか。冷たくなったもんだ」などと感じる人も出てきます。

少々理不尽ではありますが、こういったことがクレームへ発展することもあるのです。やはりなんらかの工夫、対応が必要です。

そこで私は**「年末のあいさつ文」を作成し、「今年の嬉しかった出来事ベスト3」を伝えるようにしました。**

【今年の嬉しかった出来事ベスト3】

①車を買い替えました！

②今年も引き続きトップの成績を残せました！

③子供が一歳になり、一緒にお風呂に入っています。

――今度、ぜひ○○様のベスト3もお聞かせください。

こんな感じです。

これを見たお客様からは、「あぁ、菊原さんも頑張っているんだな」と思ってもらえます。ただ単にカレンダーを送るのとでは大違いです。

私はこの「年末のあいさつ文」がきっかけとなり、リフォームの仕事のお話をいただいたことが何度かあります。

私のこの方法を伝授したリフォーム営業の人がいます。

彼は、私と同じように、年末、カレンダーとともに「あいさつ文」を配布するようにしました。

その年、ちょうど子供が生まれたので、あいさつ文に「今年、子供が生まれました！」と書いて配布したのです。

すると、一人のお客様から「来週、うちに来てほしい」と連絡が入りました。行ってみると「お風呂をリフォームしようと思っていて」という話でした。結局、他の部分も含めて五〇〇万円以上の大きな契約を取ったのです。

お客様からは「これはご祝儀も兼ねての契約だからね」といわれたそうです。

もちろんこのお客様との信頼関係が築けていたことがベースにありますが、〝たった一文〟で五〇〇万円の契約につながったわけです。

「そんなの偶然でしょう？」

「運がよかっただけでしょう？」

そうかもしれません。

でも、「あいさつ文」を書くことを実践したからこそつかんだ偶然であり、運です。

お客様は、あなたからの「年末のあいさつ」を待っている!?

「お客様にこれだけは知ってほしい」リストをつくる

「著者あるある」の一つに、

「スッと書けた本は売れる」

というものがあります。

逆に、「何か月も苦しんでやっと書き上げた」という本は、苦労のわりには思ったより売れないものです。

私はこれまで七五冊以上の本を出版しましたが、その中でスッと書けたのは、「このことはどうしてもみんなに伝えたい！」という本です。

こういう本は、書きたいことが明確なため、パソコンに向かっていてもストレスがなく、「楽しい。ずっと書いていたい！」と思うほどです。

これは過去にも経験したことがあります。

お客様に対して、「ニュースレター」という自分新聞をつくって送っていたことがありました。

内容は、住宅販売業界のエトセトラですが、すぐにネタ切れになり壁にぶち当たってしまいました。

このとき、お客様に伝えることがはっきりしていませんでした。だから、いいネタが見つからないし、いいアイデアが出てこなかったのです。

その逆に、前にも述べた「アプローチレター」の「お役立ち情報」をつくるときは違いました。

私が送っていた「お役立ち情報」の内容は、すでに住宅を購入し、生活しているお客様からの「家を建てる前にこれを知りたかった」という失敗談などです。このことは2章でも紹介しましたね。

この内容については「お客様にどうしても知ってもらいたい」という気持ちを持っていました。そして、「絶対にお客様が関心のある内容だ」と確信を持っていました。ですから、どんどん書けたのです。

文章を書く前に「お客様にこれだけは絶対に知ってほしい」リストをつくってみてください。

たとえば私は、こんな「リスト」をつくっていました。

・過去にお客様とトラブルになった話リスト
・他の住宅営業マンが隠したがることリスト
・建築現場でしか手に入らない裏情報リスト

このようにリストアップしていくうちに、書きたい気持ち、伝えたい気持ちがどんどん盛り上がってくるはずです。

そうすれば、書けますし、また、こういった気持ちで書いた文章というのは読み手の心を動かします。

お客様が絶対喜びそうなネタをリスト化しておく

「お時間のあるときに」「お暇なときに」は禁句

この章の最後にお伝えしたいこと、それは、お客様に何か手紙や案内などを送るときに、へたに遠慮して、

「もしお時間があればお目通しください」

といったニュアンスのことを冒頭で伝える必要はない、ということです。

「ぜひとも時間を取ってお目通しいただきたい！」

と、この文章を読むことのメリット、目的をお客様にしっかりと伝えましょう。

これを多くの営業マンができていません。

私もよく営業マンから、さまざまなお誘いを、次のようなニュアンスとともにメールや電話で受けます。

「もし、お時間がありましたら」

「もし、お手すきでしたら」

「ぜひ、お暇がありましたら」

私はそんなにヒマではありません。「時間がないのでまた今度」ということになります。

「お誘いの目的は何か」

「自分にどんなメリットがあるのか」

これがはっきりしていないと、会うモチベーションはなかなか上がりません。

「〇〇の件で、菊原さんに耳よりな話があります。ぜひお会いしたい」

と、こんなふうに目的がはっきりしているお誘いを受けてはじめて、「そうか。それなら話を聞いてみようかな」と思います。


「もし、お時間がありましたら」

「もし、お手すきでしたら」

「ぜひ、お暇がありましたら」

そんなニュアンスで文章を送ったり、お客様にアプローチしたりしていないでしょうか。


お客様は忙しいのです。

目的もなく何かを読む時間も、誰かに会う時間もありません。

お客様は、「暇だから」あなたの文章を読むのではありません。

「価値がある」と思ったときに、あなたの文章を読むのです。

このことを忘れてはいけません。

読んでほしいなら、へたな遠慮は無用

4章

お客様の「買う気をくすぐる」この一言

——商談中にやるべきこと、やってはいけないこと

ベストセラーの裏表紙から学ぶ営業の基本

あなたのメールボックスにもたくさん〝売り込みメール〟が届きませんか？

新型コロナウイルスや、またコンプライアンスの影響もあり、直接的な営業活動がしにくくなったこともあるでしょう。

私は、ホームページ上にメールアドレスを公開していることもあり、毎日いろいろなメールが届きます。

最近、思わず笑ったのは、「バスを買いませんか？」という営業メールです。

おそらく「高崎市　法人」くらいの、ゆるいくくりで手当たりしだいに調べ、送っているのかもしれませんが、これは完全なミスマッチで、「かなりおかしなことをやっている」ということに気がつかなくてはなりません。

ひと昔前に『金持ち父さん　貧乏父さん』（ロバート・キヨサキ、シャロン・レクター著／白根美保子訳／筑摩書房）という本がベストセラーになりました。投資やお金の使い方などが学べる本です。読書好きではない人も一度はこのタイトルを聞いたことがあるでしょう。

あるとき、知人から「『金持ち父さん　貧乏父さん』の裏表紙から、物を売る本質が学べる」と教えてもらったことがあります。

その本の裏表紙を見ると「網で魚を獲る金持ち父さん」と「肉をエサに一本釣りをしている貧乏父さん」が載っています。

金持ち父さんは魚を効率よく網でたくさん捕まえます。一方、貧乏父さんは非効率な一本釣りで、しかも、エサにしているのはステーキです。ピラニア以外の魚はそんなものを食べません。

「俺は肉が好きだから、魚も肉が好きだろう」と勘違いしている。だから、いつまで経っても魚が釣れない。ようするにお金持ちになれない、というわけです。

営業でも、発信する側が「この情報は間違いなくいい！」と思っていても、読み手がそう思ってくれるかはわかりません。

以前、「ラクしてお金が増える方法がある」といった提案を知人から受けたことがありました。知人はよかれと思っているので、何度もメールで熱心に誘ってきますが、私はこういった考え方が好きではありません。私に対するエサが間違っているのです。

自分の好みではなく、相手が欲しいものを提供するのです。そんなの当たり前じゃないか、というかもしれませんが、売れない営業マンはそれがわかっているようでわかっていないのです。この章を読み進めるにあたって、そのことをあらためて肝に銘じていただきたいと思います。

相手が欲しがっているものを間違えるな

人気ユーチューバーとトップ営業マンの絶対的な共通点

前項で述べたように、お客様を動かすには、「お客様が求めているものを提供する」ことです。

親戚の家に行ったときのこと。

その家には中学生の男の子がいます。最近、自分専用のテレビを買ってもらいました。そのテレビは地上波につなげていません。

ゲームとＹｏｕＴｕｂｅを見るための専用モニターだからです。しかも、いまはそれが常識なのだそうですから、時代は変わったものです。

中学生の間で「人気のユーチューバー」と「不人気のユーチューバー」がいます。その違いを聞いたところ、

「売り込みが多いユーチューバーは嫌い」

といっていました。

動画の中で「この商品はおすすめ。詳しくはこちらへ」という誘導が、ちょくちょく出てくるチャンネルは人気がないというのです。

一方、人気のユーチューバーは徹底的に視聴者を楽しませることを目的に動画をつくっています。これが人気の差になっているようです。

この話を聞いて「営業と同じだな」と思いました。

結果を出す営業マンは、「お客様の役に立つように」と思いながら資料を作成したり、説明したりします。だから、信頼を得られるのです。

一方で、**「なんとか売り込んでやろう」という営業マンは、信頼を得られません。大人はおろか、中学生にも嫌われるレベルのことをしている、**ということです。

このようにいうと、

「当たり前じゃないか。でも、それがわからないから困っているんだ」

という人がいます。

わからないなら読み手（お客様）に聞けばいいのです。私もハウスメーカーの営業マン時代は、見込み客に対して、シンプルによく尋ねていました。

「いま、○○様にはどんな情報が一番必要でしょうか？」

と。

・実際に建てた人が「後悔しているポイント」を知りたい
・住宅ローン、税金について詳しく知りたい
・住宅の購入は時期によるメリット、デメリットがあるのか知りたい

こういった意見を参考にして「アプローチレター」の「お役立ち情報」を作成し、送っていたのです。

お客様に売り込む営業マンは嫌われる。

お客様の役に立とうする営業マンは好かれる。

好かれる営業マン、嫌われる営業マンの分岐点は、そこに尽きるのです。

知りたいことをお客様にズバリ尋ねてみるのも手

「夢が叶いますよ」より「ぐっすり眠れますよ」のほうが効くわけ

あなたは、

「マズローの欲求五段階説」

というものを聞いたことがありませんか？

これは、アメリカの心理学者アブラハム・マズローが提唱したもので、157ページの図のように、人には五つの欲求があり、低階層の欲求が満たされると、より高い階層の欲求を満たそうとする、というものです。

図を見ると、「やはり頂点にある『自己実現』が一番重要なのかな」といった印象を持つかもしれません。

しかし、**営業において一番のポイントとなるのは、じつは一段目の「生理的欲求」や二段目の「安全欲求」**です。

マズローによると、人の欲求は、いきなり四段目や五段目にスキップすることはありません。一段階ずつ、低階層の欲求が満たされてはじめて次の階層のものを求める、ということですから、まずなにより「生理的欲求」を満たさない限り次の段階に上がっていけない、ということです。簡単にいってしまえば、お腹が究極に減っている状態では、自己実現もへったくれもない、というわけです。

たとえば、自己啓発の本で「自分の好きなことをして、夢を実現させましょう」というものがあったとします。自己実現は、最上位の五段目の欲求です。

これを満たすには、その前に一~四段目までの欲求をしっかり満たす必要があります。それが満たされていないのに、いきなり「五段目の欲求を満たせ」といわれても

マズローの欲求五段階説

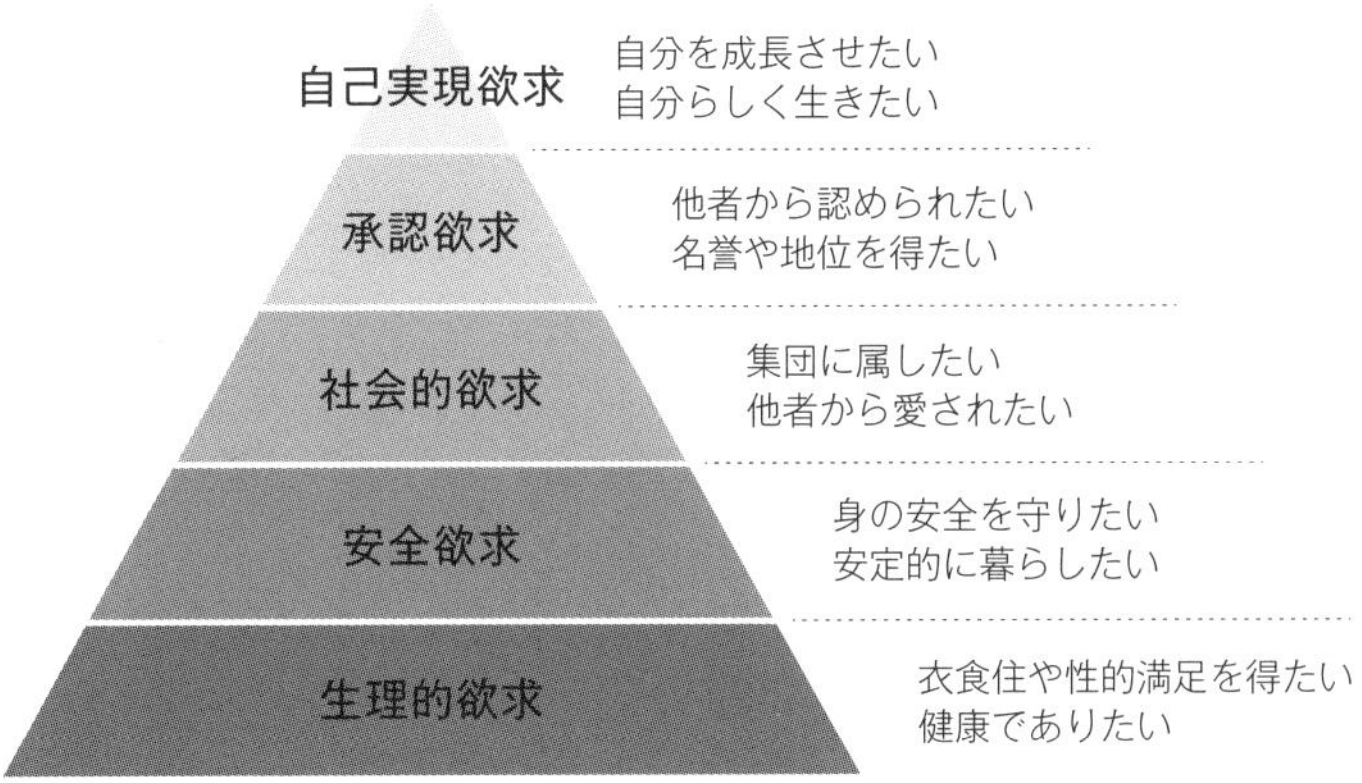

自己実現欲求	自分を成長させたい 自分らしく生きたい
承認欲求	他者から認められたい 名誉や地位を得たい
社会的欲求	集団に属したい 他者から愛されたい
安全欲求	身の安全を守りたい 安定的に暮らしたい
生理的欲求	衣食住や性的満足を得たい 健康でありたい

心に響かないのです。

営業マンは、このことを心得ておく必要があります。

「いきなり高い階層の欲求をくすぐるような営業をしてもうまくいかない」

ということです。

たとえば、住宅営業でもそれは同じです。

住宅購入というのは、お客様にとって一生に一度の大きな買い物です。売れない営業マンのほとんどは「夢を叶えましょう」的なことを伝えてお客様を動かそうとしますが、じつは、これはあまりうまくいかないのです。それよりも、

・こういう家なら、とてもぐっすり眠

れるようになります。

・ここをリフォームすると、とても快適で健康的な生活になります。

・家族の安全、安心のためにもこんな家を。

といったことを伝えたほうが、はるかに効き目があるのです。お客様を動かせるのです。

私は「アプローチレター」の「お役立ち情報」を書くとき、それからこのあと5章でご紹介する「クロージングレター」を書くときも、このことをとても重要視していました。

これはもちろん「文章」による営業だけではなく、対面による営業でもお客様を動かすための重要なポイントなので、ぜひ覚えておいてください。

お客様の〝生理的欲求〟〝安全欲求〟をくすぐる文章を書く

「チャンスです」より「次はありません」がお客様を動かす

ここまでお話ししたように、お客様にとって本当に役立つ情報を送り続けていれば、チャンスを得ることができます。

ポイントは「続ける」ということで、多くの人は途中でやめてしまうのです。

とにかく書き続ける。

送り続ける。

そうすれば、必ずお客様のほうから声がかかるようになります。

さて、「営業レター」とは別に、時には、たとえば、会社で何かキャンペーンを行なうことになり、それを知らせつつ、お客様を動かす、うながすための資料を送ることがあるかもしれません。

そういった場合は、**「オファー」**が必要になります。オファーとは、釣りでたとえると「エサ」のことです。

・いまなら20％オフ
・3日間限定
・消費税分キャッシュバック
・先着10名様に限定グッズを贈呈

といったものです。よくありますよね。

こういったオファーはただ案内の資料を送るだけでも一定の効果があります。

しかし、**私は、営業マン時代、何か会社でキャンペーンを行なうとき、会社が作成**

した資料だけをただ送りつける、ということはしませんでした。必ず自分で作成した「営業レター」を添付するようにしました。

たとえば、「お客様を見学会に誘致するための期間限定キャンペーンを行なう」とします。

そのとき、どうするか。

ここで、56ページで述べた、**「人は快楽を求めるより、苦痛を避けることを優先する」**という法則を思い出してください。

「すごくお得ですよ」

ということをアピールする文章よりも、

「これを逃すと損をしますよ」

ということをアピールする文章のほうがはるかにお客様を動かす力が強いのです。

ですので私は、そのことをふまえた「営業レター」をつくるように心がけました。

そこでアピールすべきは、先に挙げたものの中でいうと、

「期間限定」

です。

今回が最後の可能性もありますので、ぜひともご検討ください。

などといったメッセージを伝えると効果的でしょう。

「これを逃したら次はないかもしれない」と思えば、お客様は行動してくれるようになるのです。

ところで、こういった「オファー」について、覚えておいてほしいことがあります。

たとえば、一〇人のお客様に知らせて、一か月で三件の反応があったとします。

これをどうとらえるのか、ということです。

「いやぁ、三件も反応があるとは思わなかったから嬉しい」という人もいれば、

「たった三件しかなかった。残念……」という人もいます。

前者のように前向きに考えたほうがいいでしょう。
「七割に無視された」ではなく、「三割の人が興味を持ってくれた。ありがたい」と。
できるだけポジティブにとらえるマインドを持つ――。
これは、営業マンにとってきわめて重要になってくるのです。

お客様は、なにより「損」を避けたがる

「両面提示」でなければ、お客様には信じてもらえない

心理術に「両面提示」効果というものがあります。

いい面だけを提示することを片面提示といい、いい面も悪い面も提示するのを両面提示といいますが、**人を説得するには「両面提示」のほうが効果的**であることがわかっています。

「いい面」だけをいう営業マンは、はじめのうちこそ好感を持たれますが、徐々に「本当なのかな?」「話がうますぎないか?」と疑われるようになります。

一方、**いい面と悪い面の両方をいってくれる営業マンは信頼される**のです。

たとえば、知り合いからフェイスブックのメッセンジャーなどに、

「あなただけにノーリスクの投資話があります。一〇〇万円をあるファンドに預けておくだけで年○％以上の利息が受け取れます」

という提案が届いたらどうでしょうか？

知り合いだとしても、「そんなうまい話があるはずがない。ダマされないように注意しよう」と身がまえるはずです。

ましてや知らない会社からの売り込みなら、はなから相手にしないでしょう。

ただ、同じ提案でも、

「○○の条件になったときは、元本割れする可能性もあります。そのリスクを鑑みた上でご検討ください」

という悪い面を伝えてくれれば印象は変わります。

相手が信頼できる人であれば、場合によっては「ちょっと話を聞いてみるか」と思うものなのです。

お客様には、とかくいい面だけを伝えたくなります。気持ちはよくわかります。しかし、それではお客様は信じてくれません。むしろ警戒感を強めます。

このことは、「文章」による営業だけではなく、「対面」による営業でも同じでしょう。むしろ対面営業のほうがよりお客様は警戒心をいだくかもしれません。

なぜなら、**どんなことでもいい面、悪い面が必ずある、というのをお客様は知っているから**です。

私は、対面営業のときも、文章による営業のときも、注意していたことがあります。それは、

「お客様に対して、三つ以上のメリットを立て続けに伝えない」

ということです。

なぜなら、これは経験則ですが、三つ以上のメリットを立て続けに伝えると、とたんにお客様に警戒され、「あ、もうけっこうです」「今日はやめておきます」「ちょっと検討させてもらいます」と話をさえぎられ、その後、うまくいかないことが多かっ

たからです。

そこで、「デメリット」も必ず早めに伝えるようにしました。それからは、お客様が何倍も話を聞いてくれるようになりました。

ところで、**「両面提示」をするときは、デメリットを先に伝えたほうがより信頼度が高まります。**

営業マン時代「**デメリット↓メリットトーク**」という手法を知りました。

文字どおり、**「はじめにデメリットを伝え、そのあとにメリットを伝える」**という話法です。

たとえば、トップ営業の先輩はお客様に対して、

「若干この部分は弱いのですがこの分野は自信があります」といった言い方をします。

「若干、間取りの自由度は制限されます。ただし耐久性と強度には自信があります」

といったデメリット↓メリットトークをよくしていました。

このように、デメリットを先に伝えることで「この人は信頼できる」という印象を

与えられるのです。

これは文章でも共通です。**デメリットを伝えてからメリットを伝えると、信頼性を高めることができ、なおかつメリットが際立ちます。**まさに一石二鳥の方法ですのでぜひ試してみてください。

あえて「デメリット」を最初に伝えるとうまくいく

六つのタイプ別、お客様のモチベーションを上げる方法

人はそれぞれモチベーションのタイプが違います。その違いを知ることで、お客様を「その気」にさせる文章が書けるようになります。

たとえば、上司から、「今期の目標を達成して、報奨金を獲得し、チームのみんなでうまいものを食べに行こう！」といわれたとします。

Aさんは「目標達成」に闘志を燃やし、Bさんは「報奨金」と聞いて目の色を変え、

Cさんは「うまいものを食べよう」という言葉でやる気になったりします。

人によっては、ある言葉でやる気が出ることもありますし、同じ言葉でやる気を失う人もいるのです。


新人営業マン時代のことです。

ことあるごとに営業部長から「今期のうちの目標は○棟だ。必ず達成するように！」とハッパをかけられました。

当時の私にとって「うちの目標」など興味がありませんでした。そんな会社都合の目標、しかもほぼ達成不可能な数字を聞いても気持ちは上がりません。むしろ、「なんで勝手に決めるんだ！」「無茶をいうな！」とイラッとしていたのです。

それよりも、当時、上司からいわれて一番響いたのは、「一棟契約すれば今月は毎日定時に帰っていいぞ」といわれたときでした。

そういわれた瞬間、「絶対に達成したい！」と強く思ったものです。それを達成するために積極的に行動しました。

人には次の六つのモチベーションタイプがあるといわれています。

①人を支配したい
②人に支配されたくない
③成功したい
④失敗したくない
⑤仲良くしたい
⑥嫌われたくない

この六つです。

当時、私には「人に支配されたくない」という欲求が強くありました。仕事以外にもいろいろとやりたいことがありましたし、ですから、「一棟契約すればあとは自由」というのは魅力的で、モチベーションが上がったのです。

あなたのお客様はどのタイプでしょうか？

・特別扱いされたい
・望みの価格で購入したい
・みんなと同じ商品は嫌だ
・みんなが持っている商品を購入し、そのよさを共有したい
・「他のほうが安かった」と後悔したくない

……よく考えれば、いろいろな「モチベーションポイント」が見つかります。あなたの「営業レター」のヒントにしてください。お客様に刺さる文章が書けるはずです。

あなたのお客様の「モチベーションポイント」は？

「絞って伝える」と、お客様の反応が二倍になる

「営業レター」の「アプローチレター」でお客様に伝える「お役立ち情報」は、読み手の役に立つ内容であれば、基本的にどんなものでもかまいません。

その際、「せっかくだからいろいろと伝えたい」と思うものですが、あまり欲張ってたくさん提供すると逆効果になることもあります。

先日、私の営業塾の会員の「お役立ち情報」をチェックしました。

そこには、「○○を購入するうえで知ってほしい六つのポイント」が書かれていました。

読んでみたところ、お客様の立場で考えられたポイントで非常にいい内容です。

しかし、三つほど読んだ時点で「あと三つもあるのか」とちょっとうんざりした気持ちになりました。おそらくお客様も同じことを感じるでしょう。

そこで、私は、次のようにアドバイスしました。

「六つのポイントを三つのポイントに絞ってみてください。あるいは、ポイントを三つずつ、二回に分けて伝えるようにしてみてください」

そのように改良して情報を提供するようにしたところ、お客様からの反応が二倍になったといいます。

これは対面で話すときも同じです。

私の仲間に、デジタル機器にとても詳しい人間がいます。どんなことを聞いても丁寧に答えてくれる本当にいい人です。ただ、欠点は「話が長い」ゆえに「逆にわかりにくい」ということです。

たとえば、スマホの機能について質問したとします。

すると、「これはこういった使い方がありまして」と教えてくれます。

ここまではいいのですが、続きがあり「さらにこういった機能もありまして」「ちなみにこういった機能もありまして」と、「関連情報」のレクチャーが次々にはじまります。

よかれと思ってでしょうが、五つも六つもいっぺんに聞かされると、「かえってよくわからない」といった状態になってしまうのです。

一つだけのときはわかりかけていたのに、同時にあれこれいわれると最終的には何もわからない感じになってしまいます。

長めの文章で何かを伝えたいときは、できるだけ「絞って伝える」あるいは「小分けにして伝える」ことをおすすめします。

あれこれ伝えようとすると何も伝わらない危険がある

みんな思わず先が読みたくなる「ツァイガルニック効果」

心理術に、

「ツァイガルニック効果」

というものがあります。

発音するのが難しく、いつもかみながら紹介していますが、ツァイガルニック効果とは、人間の記憶について、

「未完の課題についての記憶は、完了した課題についての記憶より想起されやすい」

という現象のことをいいます。

かみくだいていうと、
「人は達成できたことより、達成できなかったことに対して、より強い興味をひかれる（記憶や印象に残りやすい）」
ということです。

言葉を換えると、

「人には、何かをはじめると最後までやり遂げたい気持ちがある」

ということができます。

わかりやすい例を挙げてみましょう。
何かのおまけの景品が三パターンあったとします。
それほど欲しくなくとも、たとえば、三パターンのうち二つ集まると、人は「あと一つをどうしても欲しい」という気持ちになり、コンプリートするために突き動かされるものなのです。

「ツァイガルニック効果」を多用しているのがテレビ番組です。テレビ番組などを見ていると、必ず「答えはこのあとで……」などと気になるところでコマーシャルに入りますよね。続きが気になってチャンネルを変えられなくなるのです。

こうやって視聴者の注意を引き続けるようにしています。

漫画やアニメもそうです。

学生時代に読んだり見たりしていた週刊漫画、アニメは必ずいいところで、「続きは来週……」となっていました。

来週まで待ちきれないほど、次が読みたくてたまらなくなる。これこそ「ツァイガルニック効果」です。

何かについて相手の記憶に残したいときは「あえて中途半端にしておく」のも一つの有効な手なのです。簡単にいうと、

「この続きが気になる、と読み手に思ってもらう」

ということで、一番簡単な方法は文章の途中で、

「この具体的方法については、のちほどじっくりとご説明します」

と書いておくことです。

住宅の費用は建物だけでなく、照明、カーテン、家具、家電などの費用が必要となります。じつはそれらを一気に、大幅にコストダウンする方法があります。それはのちほどじっくり詳しくご説明するとして、まずは総額についてのことからご相談させていただきます。

たとえば、こんな感じです。

ただこの手法は、あまりやりすぎると、お客様をイライラさせてしまう危険があります。うまく「ツァイガルニック効果」を狙って、お客様を虜（とりこ）にする文章を書いてください。

「詳細はのちほど」でお客様の注意を引き続ける

「上から目線の文章になっていないか」をチェック

研修先の人と話をしたときのことです。
この人は、私のブログを一〇年以上も読んでくれています。
こういったことを聞くと励みになりますし、とても嬉しく思います。
この人から「菊原さんのブログは、いつも読み手目線なので読んでいて心地いい」
といっていただきました。

多くの人のブログや、ＳＮＳは、特に実績を上げればあげるほど、いつの間にか〝上から目線〟の文章になっていきます。

アクセス数が上がり、メジャーになっていけばいくほど、「これはこうだ」「こうすればうまくいくぞ」「俺のいうとおりにやってみろ」という雰囲気が出るようになるのです。

こうなると、読んでいてカチンと来たり、不快に感じてきたりします。私も気をつけなくてはならないといつも思っています。

それでメシを食っているのであれば、若かろうと、経験が浅かろうと、プロです。**プロ意識を持つのはいいことですが、〝上から目線感〟を出してはなりません。文章による営業であろうと、対面による営業であろうと。**

どんなお客様だって、決断するときは迷います。にもかかわらず、

「こういうときは、すばやい決断がなにより大事です。いまなら受けられる助成金の枠も、グズグズしていたらいっぱいになってしまいますよ。『決断しないことは、ときとして間違った行動よりたちが悪い』と、アメリカの自動車王のヘンリー・フォー

ドもいっています」

などと伝えたらどうでしょうか？

相手はカチンと来るでしょう。しかし、こんな感じの営業マンは多いのです。

そうではなく、お客様の気持ちに寄り添ってあげる必要があります。上から目線になった瞬間、お客様の心は一気に離れていきます。

文章を書く上で十分に気をつけなくてはなりません。

・押しつけがましくなっていないか？
・インテリぶっていないか？
・自分、自社の都合を優先させていないか？
・決断をあおりすぎていないか？

など、一度チェックしてみてください。

えらそうなことをいうな、書くな

5章

成約を絶対モノにする「クロージングレター」

――お客様の「最大の買う決め手」はどこにある？

「書く力」が「クロージング力」も磨いてくれる

さて、45ページで、「営業レター」には、細かく分けると、さまざまなタイプのものがありますが、本書では、大きく次の二つに分けてお話しするといいました。

①アプローチレター

お客様とつながり商談を進めるための文書

②クロージングレター

「営業レター」とは？

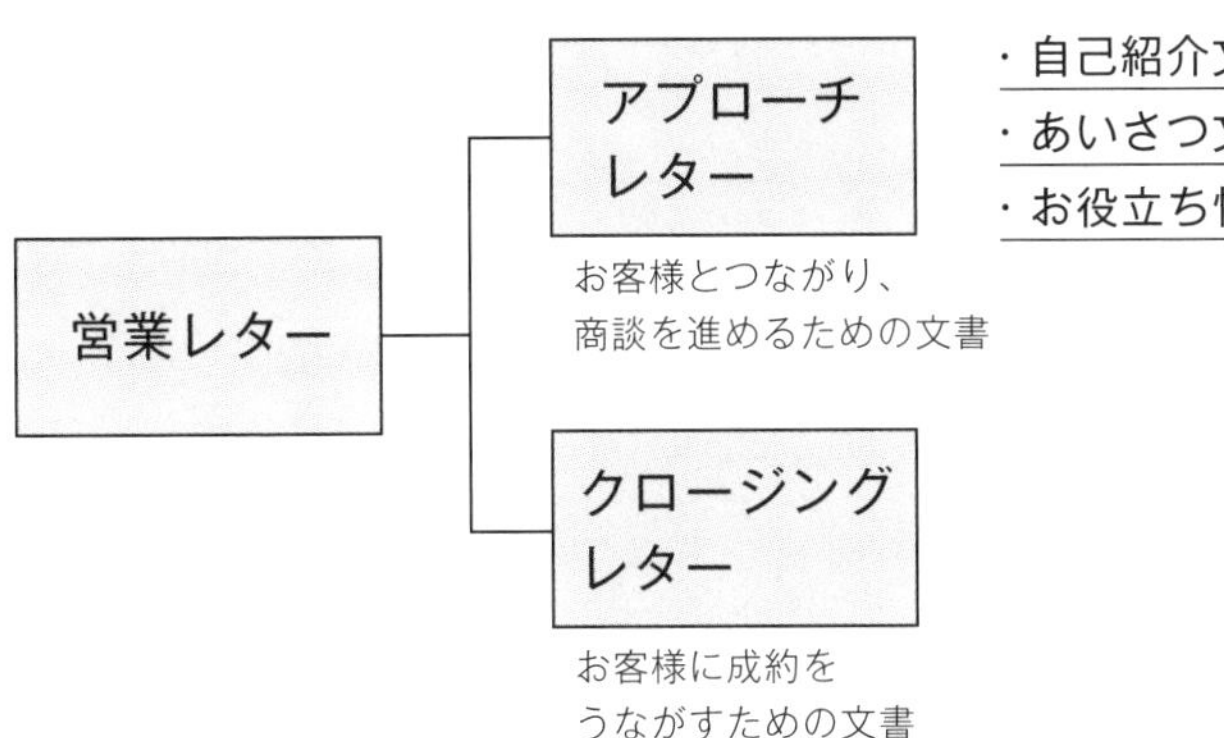

お客様に成約をうながすための文書

ここまでは、「アプローチレター」を中心にお伝えしてきましたが、ここからは**「クロージングレター」、つまり、お客様に成約をうながすための文章術**についてご紹介します。

「クロージング」とは、「（商談を）閉じる」「（商談を）締めくくる」という意味で、ようするに「相手と契約を結ぶ」ときに使う言葉です。

どんなにいい商品、いいサービスを売っていても、「クロージング力」がなければ契約を取れませんし、成果も上がりません。

「クロージング」にはさまざまなスキルが必要になってきます。

たとえば、

「絶対に契約するぞという自分のモチベーション維持」
「成約を確実にモノにしていくお客様への上手なフォロー」
「お客様に『買う』という決断をうながす言葉がけ」

……など、どれも簡単ではありませんが、**クロージングでも「文章の力」を借りることができます。**

具体例をご紹介します。

以前、歯医者さんの営業コンサルティングをさせていただいたことがあります。

いまや歯科医院はコンビニよりも数が多いため、簡単には患者さんを集められません。歯科業界の人はどうお客様を獲得していくか、生き残りをかけてさまざまな努力をしています。

コンサルティングをさせていただいた歯科医院は、主にインプラントという人工の歯を埋め込む施術をしていますが、なかなかお客様を獲得できません。

インプラントは歯が抜けてなくなった人に行なうのですが、誰にでも施術できるわけではありません。歯茎やその下の骨の状態によっては、施術したくてもできない場合もあります。

施術前にインプラントが施術できるかどうかの検査をしますが、その結果が出るまでに少し時間がかかります。

施術できない人は別として、施術できる人が検査結果を待っている間に施術することへのテンションが下がったり、不安を感じたりして、先延ばししたり、取りやめたりするケースがよくあるとのことです。

そこで、私は、

「検査結果が出るまでの間に、インプラントをすることの重要性やメリットをあらためて文章化して送るようにしてください」

とアドバイスし、実践してもらいました。しかもイラスト入りでわかりやすく。

これを読んだ人は、「やっぱり将来のためにやっておいたほうがいい」と納得してくれるようになり、成約率が断然アップしたのです。まさに書く力でクロージングをしたわけです。

このように**「クロージングレター」**は、**「アプローチレター」でつながったお客様と、信頼関係を築きながら商談を進め、いよいよ契約が本格化してきた、契約がまとまりかけてきたというタイミングでお客様に出すレターになります。**契約を確実なものとするためのものです。

「クロージングレター」には次の二つの重要な役割があります。

- **お客様の不安の解消**
- **お客様の購買欲維持**

歯科医院の例は、まさにお客様の不安の解消と、お客様の購買欲維持を目的としていたわけです。

「もう契約は間違いない」と思ったときに大どんでん返しを食らう……こういうことは少なくありません。

それを防ぎ、契約を確実なものにする——。

売れる営業マン、結果を出す営業マンになるために「クロージングレター」は強力な武器になります。

「クロージングレター」で成約率を爆上げする

お客様への「途中報告」を忘れないこと

前項で、歯科医院が行なった「クロージングレター」について紹介させていただきましたが、私自身も営業マン時代、これと同じような方法を行なっていました。

住宅営業ではお客様の家の建設希望の土地について、法律なども含めて調査をします。だいたい一週間くらいかけて調査をするのですが、その間、**「お客様を絶対に放っておかない」**ように心がけていました。

時間がぽっかり空くと、その間に他社から横やりが入ったり、お客様の購入へのモチベーションが下がったりする危険性があるからです。

調査を終え、ようやく報告書が出来上がった、というときに、「やっぱり再検討したい」「契約を延期したい」などと連絡が入ることもよくあったのです。

こういった失敗を数多く見たり、経験したりもしました。

あと一歩のところで商談が白紙になったり、消えてなくなったりするのは、とてつもない精神的ダメージを負います。

さらには、私だけでなく、調査をしたり、報告書を作成したりしてくれたスタッフの時間まで奪ったことになり、最悪の結果を招くのです。

そこで報告書が仕上がるまでの間に、**調査の途中経過の報告や、これまでの商談の内容確認、また、新しい家に住むことの価値などをあらためて文章で伝える**ようにしました。

ようするにこれは「クロージングレター」で、前項で述べた、

・お客様の不安の解消
・お客様の購買欲維持

という二つが目的です。

この「クロージングレター」を送るようになってから、契約の突然の白紙撤回はまったくなくなりました。

商談のはじまったときは、こまめに連絡を取ったり、情報提供をしたりするのですが、いよいよ商談がまとまりかけると、「もう大丈夫だろう」と油断をして足元をすくわれる営業マンのなんと多いことか。

ここがまさに天国と地獄の分かれ目になるのです。

また、お客様の気が変わるよりもっと怖いのは**競合他社が入り込んでくる**ことです。

本格的に商談の席につくということは、お客様の「本気度が上がっている」ともいえます。

となれば当然、競合他社の商品へのアンテナも高くなっているので、「やはりB社とC社も検討したほうがいいかな」と浮気心が芽生えるものです。

そこへライバル社から「当社からもご提案させてください」という連絡があれば、一瞬にして横取りされる危険度が高まります。ライバルが増えれば増えるほど成約率が下がるのは必至です。

お客様を絶対に〝野放し〟にしてはいけません。お客様の本気度が高まったときこそ、電話、手紙、メール、SNSなど、あらゆる有効な伝達手段を使って密に接触する必要があります。

営業に油断は禁物。だからこそ「クロージングレター」を活用しましょう。

あらゆる手段を使ってお客様の〝浮気〟を防ぐ

お客様の「最大の買う決め手」を見極める

「クロージングレター」の書き方ですが、「アプローチレター」と同様、

「あいさつ文」
「本題」

というシンプルな構成にします。

たとえば私の、ハウスメーカーの営業マン時代の「クロージングレター」の一例をご紹介しましょう。

まずは、お客様へのあいさつの文を載せ、本題に入っていきますが、あいさつ文については ここまで何度も言及していますので、ここでは省略します。

【本題】

お客様から連絡がなくても、

こちらから「9回」定期点検させていただきます!

「建てたあとはちゃんとメンテナンスしてくれるのだろうか?」

という質問をよくお客様からいただきます。

たしかに建てたあと、具体的にどう面倒を見てくれるのかということは、とても気になるところです。

そこで、弊社のメンテナンスについてご説明いたします。

「2カ月、11カ月、23カ月、5年、10年、15年、20年、25年、30年」

このように、お客様から連絡がなくても、こちらから定期的に点検をさせていただきます。もちろんご連絡いただければ、いつでもお伺いします。

「もううちは5年経ったので、ドア1枚の調整で来てもらうのもちょっと……」

という声を多くいただきました。

たしかに引渡し後、すぐであれば声をかけやすくても、少し年数が経つとちょっとしたことで呼ぶのは気が引けるかもしれません。

そこで弊社は、創業から受け継いだ《建てっぱなしにしてはいけない》という理念を基に計9回の自動メンテナンスシステムを構築したのです。

費用は、10年目までは無料。

その後の4回は、1回約1万円程度のメンテナンス料で丁寧に点検いたします。10年目、20年目となると、高額な補修工事をなかば強要するメーカーもございますが、弊社ではそのようなことは一切ございません。また、メンテナンスは弊社が直接担当させていただきます。子会社へ丸投げするようなことはありません。

装備や価格ももちろん大切ですが「住んでからいかに安心できるか」というのも

大変重要な要素になってくるかと思いますので、弊社のメンテナンスについてご案内をさせていただきました。

ちょっと長い文章ですが、いかがでしょうか。

「クロージングレター」の大きな役割のひとつは、「お客様の不安を解消すること」です。お客様は商談が進んでいくと、「本当に決めていいのだろうか……」と不安を持つようになります。特に住宅のような高額商品は顕著です。

ここでお客様を上手にフォローしておかないと、契約が先延ばしになったり、他社に奪い取られたりする危険性が高まります。

私自身が物を買うときを思い起こしてみます。

私は基本的に、自分自身を「決断が早いほうだ」と思っています。しかし、時々「どうするべきか……」と迷うことがあります。

それは、どんなときかというと、ほとんどは、**「決め手に欠けるとき」**です。決断するための十分な情報がないときです。知識が乏しい、あるいは判断材料が足りていないから決められないのです。

以前、インターネットで、車のオールシーズンタイヤを購入しようと思ったことがありました。

それまでタイヤをネットで購入したことがなかったので、当然迷います。いろいろ調べたのですが、決断できません。

私が重視していたのは「コストパフォーマンス」です。安全性がきちんと担保された上で、できるだけリーズナブルなものを探しましたが、なかなか納得できるものがありませんでした。ネットでは決断するだけの十分な情報を得られなかったため、購入するのはやめました。結局、カー用品店に行って、店員に直接話を聞いて、商品を買うことになりました。

もちろん性格の問題もあるかもしれません。しかし、多くの場合、お客様が決断できないのは「情報不足」であり「決め手に欠ける」ということが多いのです。

ですから、**商談する中で、このお客様が契約するとしたら、何が最大の決め手にな**

るのかを見極める必要があります。なぜなら、それはお客様の最大の不安のポイントにもなりうるからです。

・購入のタイミングなのか？
・コストパフォーマンスなのか？
・他社との比較なのか？
・保証内容なのか？
・支払いについてなのか？

住宅営業マン時代、私も、商談を進める中でお客様が不安に陥りそうなポイントを見極め、その不安を解消するための情報を厚めに伝えることに心を砕きました。

そしてその情報を伝えるときに、お客様を「安心」させる一言を付け加えるのを忘れないようしました。

「大丈夫ですよ」
「問題ありませんよ」

「これがベストです」

「私でもこれにします」

と。

お客様からすれば営業マンはその道のプロです。プロからの「問題ありませんよ」「大丈夫ですよ」といった言葉はお客様にとって大きな安心材料なのです。

病院で検査を受けて、お医者さんから、「問題ありませんよ」「大丈夫ですよ」といわれると安心するように、そういった言葉をかけてほしいのです。

「営業レター」に限らず、「対面営業」でも、お客様にうまく「安心感」を与えながら成約をモノにしましょう！

売れる営業マンは、お客様を「安心」させるのがうまい

なぜ、お金の話は文章で伝えるのがいいのか？

私は、さまざまな業界のトップ営業マンとお会いします。

どの業界でも、**トップの人は例外なく〝お金の話〟に強い**ものです。

「私は他の話はうまいのですが、お金の話をするのは苦手です」といったタイプで結果を出している営業マンを私は知りません。

「お金はいくらでもあるからどうでもいい」というお客様もいるかもしれませんが、

それはレアケースです。

ほとんどの人は「買いたいけれど、お金が……」と、やはり先立つものがポイントになってくるのです。

そして、そういったお客様のお金の不安を解消するスキルを持っているからこそ、トップ営業マンは結果を出し続けているのです。

手前味噌ですが、私は営業マン時代、お客様の資金計画や支払い計画についての知識、説明には自信を持っていました。

そして、**必ず実践していたのは、お客様と対面でお金の話をするときは、事前に必ず手紙やメールを「クロージングレター」として送るようにしていた**ことです。

たとえば、

- 一般的な支払い計画
- お客様の一番負担の少ない支払い計画
- ちょっと特殊な支払い計画

などを丁寧かつ明確にして文章であらかじめ伝えるようにしていました。

住宅は一生に一度の高い買い物ですから、お客様の「お金」についての不安を払拭してあげることは必須なのです。

具体的な支払い計画などがわかると、お客様は「なるほど、このように払っていけばいいのか。これなら大丈夫そうだ」と、「購入したあと」のことをしっかりイメージできるし、安心できます。

こうしてクロージングの流れをつくっていきました。


多くのお客様は、「夢のマイホーム。すごく欲しいけれど、今後、ちゃんとお金を支払っていけるのだろうか……」と不安に思っています。

一〇年後、二〇年後、三〇年後まで見すえながらその点をしっかりと解消してあげることではじめて成約への扉が開かれるのです。


なぜ、私がお金の話を文章で伝えていたか。

それは、**多くのお客様は、「お金については突っ込んで話をしにくい」あるいは「お金については突っ込んで話を聞きにくい」と思っていることが多い**からです。

支払いについての打ち合わせ前に、あらかじめ文章で内容を伝えておけば、お客様は事前にしっかり検討し、当日、疑問点を聞きやすくなるし、自分の意向や希望を伝えやすくなります。

ようするに、お金の話がしやすくなるのです。

お客様のお金の不安を取り除くために、ぜひ「クロージングレター」をうまく活用しましょう。

また、**お金の話は深刻なトラブルのもとです。文章で残しておいたほうが、自分の身を守るためにも得策**なのです。

トップ営業マンは、お金の話は、まず「文章」でする

お客様を買う気にさせる「欲拡大フレーズ」

優秀な営業マンは、お客様の要望をじっくりとヒアリングします。

これは間違いないのですが、**ただ単にニーズを聞くだけではなく、「質問」をしてお客様の購買意欲を高めながら話を聞くのが売れる営業マン**です。

質問といっても、たとえば住宅営業を例に挙げると、

「どこにお住まいですか？」

「ご家族は？　お子さんは？」

「ご予算は？　自己資金は？」

……と、次々に質問するのはＮＧです。お客様は尋問されている、あるいは値踏みされている、探られているという気分になります。これではうまくいきません。

私が実践していたのは**「展開トーク」**というもので、基本的にこちらからは話をしません。あくまでも会話の主役はお客様にします。

そして**時折「それはどういうことですか？」という質問をはさむことで、お客様に気持ちよく話をさせて会話を盛り上げ、お客様の購買意欲を高めつつ、お客様の要望を聞き出していく**のです。

ある自動車メーカーのトップ営業マンにお会いしたときのことです。

その人は、私と同じような方法を、

「欲拡大トーク」

と命名し、使っていました。

・この車を購入したら、どんなところにドライブに行きたいですか？
・この車を購入したら、最初に誰に見せたいですか？
・この車を購入したら、まわりの人はなんというと思いますか？

といったことを質問して、お客様の夢（欲）をどんどんふくらませていくそうです。

これもすばらしいトークテクニックですね。

要所要所でお客様の夢をふくらませる

「展開トーク」と「欲拡大トーク」――これは文章にも応用できます。

「クロージングレター」の要所要所に、「もし、この商品を購入したら……？」といった「欲拡大フレーズ」の質問を埋め込んでいきます。

すると、読み手は購入後のイメージをふくらませて、購買意欲を高めていくのです。

ぜひ、このテクニックを使ってみてください。

「あなたの大切な人が○○」という言葉は効く

クリスマスのプレゼントを買おうとして、ショッピングモールに行ったときのことです。

特にまだ買う物は決めておらず、ノープランでお店を見て回っていました。

そんなときに、

あなたの大切な人が喜ぶ商品です。

というコピーが目に入りました。そこにはちょっと値の張るネックウォーマーや、手袋などの防寒グッズが置いてあります。

私はそのコピーを気に入り、購入することを決めました。

「あなたの大切な人が喜びます」という文章はベタですが、効き目のある一言です。

こんな経験もしたことがあります。

出張を終えて、帰りの飛行機の出発を待っていた空港でのこと。土産店のコスメコーナーをなんとなく見ていました。

すると、店員さんが「プレゼントですか？」と声をかけてきたので、「ええ、娘にどうかと思いまして」と答えました。

その店員さんは、効能や成分の説明をひととおり終えたあと、「きっと娘さんが喜びますよ」といいました。

じつはそれほど買う気はなかったのに、その一言に購入意欲を刺激されてしまい、思わず買ってしまいました。購入したあとに「うまく乗せられたな」と思いましたが、非常に効果的な一言だったのです。

「あなたが」ではなく「あなたの大切な人が喜びます」という一言は響くのです。

私は、指導先の会社の研修生に目標を立ててもらう際、

「モチベーションパーソン」

を設定してもらいます。

「モチベーションパーソン」とは、自分の気持ちを盛り上げてくれる存在です。家族や恋人のことを考えてモチベーションを上げる人もいます。ただ、場合によっては、「あいつだけには絶対負けたくない」といったネガティブな感情によって力が湧いてくる場合もあります。

家を購入する場合、お客様のポジティブなモチベーションパーソンには、親やパートナー、子供などがいます。親が喜んでくれるから、妻（夫）が喜んでくれるから、子供が喜んでくれるから……ということです。

一方、ネガティブなモチベーションパーソンには、同僚、友人などがいます。同僚

にマイホーム購入の先を越されたくない、ライバル視している友人にマイホームを自慢されたくない、などです。

また親は、ポジティブなモチベーションパーソンだけでなく、ネガティブなモチベーションパーソンにもなりえます。たとえば、親にいつまでも借家暮らしという心配をかけたくない、などです。

ということであれば、「クロージングレター」に、「大切な人が喜んでくれます」という一言を入れてみるのは有効な手段です。あるいは、「ライバルに先を越されたくないですよね」といった内容を入れてみる、というのも有効です。

お客様の購入意欲をうまく刺激する「クロージングレター」をぜひつくってみてください。

お客様の「モチベーションパーソン」を見抜く

最終段階――「直筆の手紙」でダメ押しをする

「アプローチレター」では、お客様に役立つ情報を送り続けることがなにより大事だといいました。いまはまだ見込み客でも、あきらめず、丁寧に、長くアプローチしていけば、やがてチャンスがつかめるのです。

「アプローチレター」は、メールやＳＮＳなどで送ってもかまいません。「クロージングレター」も、メールやＳＮＳでかまわないのですが、ただし、**「最終段階のクロージングレター」はぜひ「手書き」でメッセージを送ることをおすすめします。**

直筆のメッセージは、いい「ダメ押し」になります。

住宅営業マン時代のことです。商談が進み、いよいよクロージングというとき、私は手紙を送っていました。先に紹介した、不安を解消するための内容とともに、このような手書きのメッセージを送っていたのです。

いままでも精いっぱい努めてきたつもりですが、契約してからが本当のおつきあいになります。どうぞ末永くおつきあいください。

ほぼ成約は間違いない――。そういう状況でも、最後の最後で、お客様が「やっぱりもう少し考えたい」となる危険性は常にあるのです。

実際にそういう大どんでん返しを私は見たり、聞いたり、経験したりもしました。恐ろしいほどのダメージを受けます。

だから、その芽を摘んでおくべきです。そのために「手書きのメッセージ」は効果があります。お客様の心に響くのです。

いよいよ成約、そのときこそ、ぜひ気持ちのこもった直筆の手紙を出してみてください。字がうまいへたなんて関係ありません。ただし丁寧に心を込めて書くこと。そうすれば必ず気持ちが伝わります。

私は、住宅営業マンのときだけではなく、いまでも研修先の社長さんや社員さんに対して定期的に感謝の手紙やハガキを送っています。

メールでもいいのでしょうが、やはり「リアルの文字」に勝るものはありません。手書きのメッセージのほうが、何倍も効果があると信じています。

ただこの話を聞いて、「なんだか照れくさいな」「ちょっと面倒だな」と思った人も多いでしょう。

そうであるなら、まずは「一言添える」練習からはじめてみてはいかがでしょうか。**お客様に何かの書類を送る際に、一筆箋や付箋を付けて、「〇〇様、いつもありがとうございます」と一言書くだけでもいいのです。**

いや、むしろこういうことこそ、ビジネスマン、営業マンに必要な「書く力」なのではないかと思います。

つい先日、ある仕事関係の人から送られてきた書類に、

「いつも感謝しております」

と短いメッセージが書かれていました。

単なる付箋に書かれたものですが、それでも、とても嬉しく感じました。

まずは**身近な人に自筆で感謝を伝える「一行感謝メッセージ」**からはじめてみてください。

最近では、「効率がすべて」と標榜（ひょうぼう）する著名人が、「手書きの手紙など迷惑でしかない」などといったりしますが、それを真に受けてはいけません。

誰かから真心のこもった手紙をもらってイヤな気分になる人などいるのでしょうか。いたとしても、ごくごく少数です。彼ら、彼女らの「ポジショントーク」にだまされて、大切なお客様を逃してはいけません。

ところで、そういった、**お客様への「感謝のメッセージ」にしろ、「お役立ち情報」にしろ「クロージングレター」にしろ、「文章は一人で考えなくてはならない」**など

というルールはありません。

「営業レター」の研修をしているとわかるのですが、書くネタがどんどん出てくる人がいる一方、三〇分、一時間考えてもほとんど書き出せない人もいます。ちょっと書いては「う～ん、難しいな」と手が止まってしまい、なかなか進めることができないのです。

そういう人は、身近にいる「書く力」のある人にぜひ相談してください。一人でうんうん唸っていても進みません。「こういうことを伝えたいんだけど、どんな文章がいいだろう?」ということを上司、先輩、同僚、家族や友人でも、聞いて、協力してもらって、いい文章をつくり上げてください。

「直筆のメッセージ」はやはり効く

6章

この「営業ノート」で成果が劇的に変わる!

――アイデアが湧く、ミスがなくなる、目標が達成できる!

できる営業マンにはなぜ「メモ魔」が多いのか？

ここまでは「お客様に対しての書く力」についてお話ししてきました。ここからは**「自分のための書く力」**についてご紹介します。

さて、**「結果を出す営業マンにはメモ魔が多い」**と私は感じています。

メモをすることで、やるべきことの進捗（しんちょく）を確認できますし、仕事のミスを減らすことができます。

また、アイデアも具体化できますし、目標も管理できます。

時間をかけて築いてきたお客様からの信頼を、メモしておかなかったばかりにケアレスミスを犯し、台無しにしてしまうことはよくありますし、書き留めておかなければ思いついたいいアイデアは消えてしまいます。また、目標ややるべきことは文字化して何度も目にすることで達成力が上がります。

現在、スケジュールやメモはスマホやタブレットなどのデジタル機器で管理している人は多いでしょう。

私は大学でも指導していますが、クラスの大学生に調査してみたところ、六六％はデジタルツールを使っており、アナログの手帳を持っている学生は三四％でした。

私は営業コンサルタントという仕事柄、多くのトップ営業マンとお会いします。彼ら、彼女らに話を聞くと、**「デジタルツールだけを使う人はゼロ」**という驚きの結果でした。若い人にも話を聞いてみたところ、アナログの手帳やノートを使っている人は一〇〇％でした。

調査した人の数が多いわけではないので、正確なデータとはいえないのかもしれませんが、**トップ営業マンにはアナログ派が多い**印象です。

理由はいくつかあります。

まず、**アナログのほうが瞬間的にメモできる**からです。デジタルツールは起動に少し時間がかかるし、書き込むのもペンよりは時間がかかります。

次にマナーの問題です。**「マナーとして手帳を持っているほうがいい」**ということです。

会話中、目の前の営業マンが、あなたの顔も見ず、スマホでポチポチとメモをしていたら、あなたはどう思うでしょうか？「この人、大丈夫かな……」と不安になるのではないでしょうか。

アナログの手帳やノートは、電話をしながら開いて予定を確認できる、情報をメモできるという実務的なメリットもあります。

このような理由から、デジタルツールがどんなに普及しても、トップ営業マンにはアナログのツールが人気なのです。

私も営業マン時代は「アナログ派」でした。

営業の仕事を効率化し、精度を上げ、目標を達成する――。

そのためのノートを、

「営業ノート」

と私は名付けていました。

私はその「営業ノート」のおかげで、営業マン時代、家を売ってきました。結果を出し続けることができました。多くの物件を同時並行で担当しながら、大きなミスをすることなく仕事を進めることができたのです。

私はいま、営業コンサルタントとして企業のコンサルティングや研修、講演などを行なっていて、同時に大学講師として授業を受け持ち、その他にも書籍の執筆、雑誌の連載……と多くの仕事を抱えています。

しかし、講演や研修では一度も穴をあけていませんし、他の仕事に関しても締め切りに遅れたことはありません。コンサルタントとしてもさまざまな目標を達成してきました。

これも、「営業ノート」によるところが大きいといえます。

本章は、その「営業ノート」について詳しくお話ししていきましょう。

営業マンは、手書きの「営業ノート」をつくるべし

トップ営業マンが「営業ノート」に書いていること

「営業ノート」は、「B5サイズ」の大学ノートがおすすめです。

トップ営業マンの方々もこのサイズを使っている人が多く、私自身も営業マン時代は（いまも）、このサイズのノートを使ってきました。少し小さめでかさばらず、使い勝手がいいのです。

私は、「どんなノートを使えばいいですか？」と質問されたときには、

「普通のノートでいいですが、革のノートカバーをかけることをおすすめします」

と答えています。

書店や文房具屋さんに売っていますし、もちろんネットでも多くの種類が販売されています。中は普通の大学ノートでも、ちょっと値の張る革のカバーを使うと雰囲気がガラッと上品に変わります。

ちょっとしたテクニックですが、**営業マンの身につけている持ち物をお客様はよく観察しています。**家や車などの高額商品を扱っているのなら、なおさら気にしたほうがいいでしょう。

私は営業マン時代、お客様から聞いたことを「営業ノート」に書いていました。そのノートをいま引っ張り出して、パッと開いたところを見てみると、こんなことが書いてあります。

・ご主人が書斎を希望。二、三畳でもいいから、とのこと

・奥様が、キッチンの高さ85センチにこだわりあり

・お風呂はできるだけ広く、またシャワーの水圧が強いほうがいいとのこと

また「営業レター」に使えるネタも書いてあります。

・「地鎮祭」のやり方をイラストで説明したほうがいい?
・ローンの手続きの説明は3ステップにするともっとわかりやすくなるかも
・お客様の声を写真付きで載せて紹介してはどうか。説得力が出そう

……こんな具合です。

こういうメモが、あとで役立つのです。

アイデアや気づきというのは一瞬にして浮かび上がり、一瞬にして消えていきます。あなたが記憶の天才でないのであれば、メモしてください。あなたの営業力を磨く武器になります。

ところで、細かい話ですが、私は通常、メモはシャープペンシルを使って書いています。消して、書き直すことができるからです。

「営業ノート」は、どんなささいなことでも、どんどん書いていくことが大切です。美しく書く必要なんてありません。誰かに見せるわけではないのです。文字の色を変える必要もありません。大事な言葉は大きく書いたり、マルで囲んだりして目立たせればいいだけです。

メモはシンプルな方法のほうが実践しやすいですし、続けやすいでしょう。

もちろん、メモにはスマホなどデジタルツールを使ってもいいのですが、やはりアナログのほうがより効果があると考えます。「記憶の定着」の観点からもそうですし、手書きであれば、ちょっとした図を描いたり、疑問点を吹き出しにして書き込んだり、自由度が高いからです。

ぜひ、手書きの「営業ノート」をつくってみてください。

そして営業力を強化してください！

シンプルなメモがあとで営業に役立つ

この「仕事の四分類ノート術」で営業人生が変わる

どんな営業マンでも、目標を達成したいと思っています。目標を達成すれば、当然、ポジションもよくなりますし、収入も上がります。

そうすれば、仕事の自由度も上がり、仕事が面白くなります。ストレスも減るでしょう。

では、目標を達成する営業マンと、達成できない営業マンの違いは、どこにあるのでしょうか。

もちろん、センスや能力もありますが、「仕事が正しい方向に向かっているかどうか」がカギとなると私は考えます。

つまり、**「目標達成のためにどれだけ有効に時間を使えたか」**が重要です。

目標を達成できない営業マンというのは、「重要度の低いこと」に時間を取られすぎています。結果として、センスや能力があったとしてもなかなか目標を達成することはできません。

目標を達成する営業マンは、「重要度の高いこと」をやるための時間をしっかり確保します。

「重要度の高いこと」に取り組めば、当然、結果が出ますから、着実に目標をクリアすることができます。

目標達成のための時間管理の方法として、私が営業マン時代からいまでも実践し続けているノート術をご紹介します。

目標達成のための仕事の四分類法

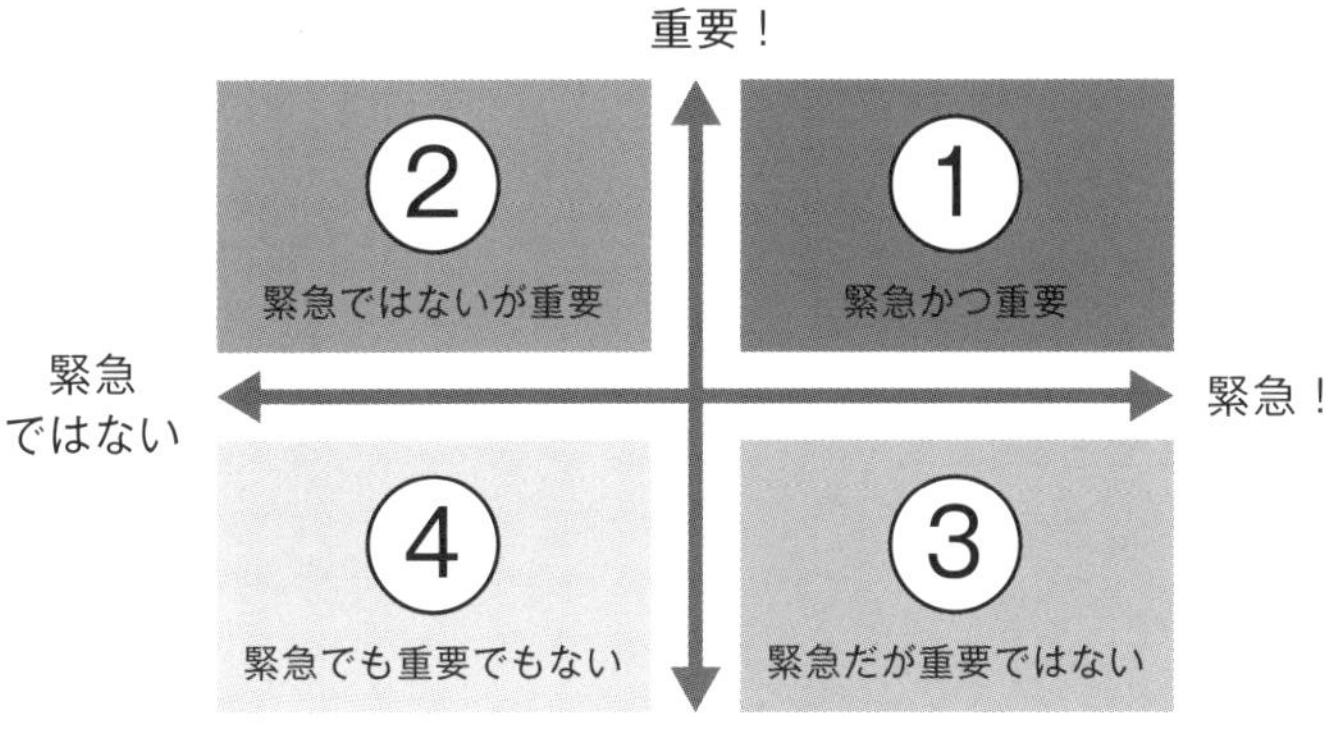

それは、**仕事を次の四つに分類し、ノートに書き出し、時間を管理する方法**です。

①緊急かつ重要な仕事

たとえば、お客様とのアポイントメントや、クレーム処理など、最優先でやるべき重要な仕事です。

②緊急ではないが重要な仕事

たとえば、お客様への「アプローチレター」や「クロージングレター」を書いたり、「営業ノート」をまとめたり、結果を出すために必ずやるべき重要な仕事です。

③緊急だが重要ではない仕事

たとえば、会社への経費精算の申請や通勤定期代の申請など、重要ではないけれど急いでやるべき仕事です。

④緊急でも重要でもない仕事

たとえば、業界紙を読んだり、デスクまわりを整理整頓したり、緊急度も重要度も低い仕事です。

さて、**この四つのうち、もっとも重要なカギとなるのは、②「緊急ではないが重要な仕事」**です。この仕事が、営業マン人生を左右するといっても過言ではありません。

①「緊急かつ重要な仕事」は、誰もが最優先で取り組むべき仕事なので、迷うことはないでしょう。

そして、次に取り組むべき仕事こそ、②「緊急ではないが重要な仕事」でなければならないのです。

しかし、**多くの人は、③「緊急だが重要ではない仕事」に取り組んでしまう**のです。

なぜか。

たとえば、「出張の経費精算」などは、期限までに提出しなければお金が戻ってこなくなってしまうからです。重要な仕事ではない、とわかっていながらも急いでやらなければなりません。そして、②「緊急ではないが重要な仕事」をおろそかにしてしまうのです。

だからこそ、「四分類ノート」が威力を発揮します。

毎朝、まず、①「緊急かつ重要な仕事」を書き出します。

その次に、②「緊急ではないが重要な仕事」を書き出すのです。

・〇〇様への「営業レター」を書き上げる
・〇〇様へ「クロージングレター」を送付する
・先日、契約をいただいた〇〇様へ感謝のメールを送るといったことを、大きく書き出しましょう。そして強く意識するのです。

それから、③「緊急だが重要ではない仕事」を書き出しますが、ポイントは**「この仕事は誰か別の人に任せられないか、振れないか」を考える**ことです。

たとえば、「A社への折り返し電話」であれば、同僚に任せられないかを考えてみる。部下に指示できないかを検討してみる。上司にお願いできないかを打診してみる。

そうやって、②「緊急ではないが重要な仕事」に取り組むための時間を確保するよう努めるのです。

仕事は「重要度の高いこと」を優先的にやらなければなりません。

にもかかわらず、経費精算や通勤定期代の申請なんていう「緊急度の高い仕事」に時間を奪われてしまっていないでしょうか？

あるいは、自分がやらなくてもいい仕事や人に任せるべき仕事に時間をかけてしまっていないでしょうか？

その問題を解決するために、「仕事の四分類ノート」を活用して、時間の使い方を改善してください。

ところで、最後に、④「緊急でも重要でもない仕事」ですが、ここには「どうでもいい仕事」を書き出すのではなく、

「今日、仕事が終わったらやりたい楽しみ」
「今日、仕事がうまくいったときの自分へのご褒美」

を書き出しましょう。

先日、知り合いのあるトップ営業マンのスケジュール帳を見せてもらう機会がありました。朝から晩までびっしりと予定が書き込まれているのですが、今日の予定の最後に、「ビール！　○○（海外ドラマ）のシーズン2！」と書いてあったのです。

気になったので質問してみると、「これは、自分へのご褒美です。今日は仕事が終わったら、いまハマっているドラマを見ながら大好きなビールを飲もうかと」と答えてくれました。

そうやって仕事へのモチベーションを上げる工夫をしているのだそうです。

またこの枠には、「前日のよかった出来事」を書くのもおすすめです。
営業をしていると「これはよかった」「嬉しいな」という出来事が起こります。

・お客様から感謝のメールが届いた！
・アプローチしていたお客様から連絡が来た！
・仕事が予定どおりにうまく進んだ！

……こんなことを書いておくことで、今日の仕事へのモチベーションが変わります。
たった一言、書くだけですが、仕事の質が大きく変わることもあるのです。

「緊急ではないが重要な仕事」に成功のカギがある

成功は「書き出す」ことからすべてははじまる

さて、いよいよ最後の項目ですが、**「やるべきことを明確する」**ことの大切さをお伝えしたいと思います。

営業活動には「目標」が必要ですが、目標を立てても実行しなければ達成できません。目標を具体的な行動に落とし込む必要があります。

営業成績が上がらない人は、行き当たりばったりで目標を達成しようとします。私もダメ営業マン時代はその典型でした。

「今月こそは契約を取らないと本当にヤバい……」と思いながら、具体的な行動、つまり「やるべきこと」が明確になっていないので、動けないのです。

そして、「まだ時間があるから、大丈夫かな……」と現実から目を背け、あっというまに月末まで残りわずかになってからあせりはじめ、メンタルが不安定になります。

結局、契約ゼロで月末を迎え、上司に怒られて……という繰り返しでした。

トップ営業マンは、「いつまでに、何を、どうするか」を具体的に決め、愚直に実行します。

たとえば「一か月で五件の契約」が目標だとして、一件の契約のために新規客へのアプローチが三〇回必要だと仮定しましょう。

五件の契約×アプローチ三〇回＝一五〇回。

一五〇回÷二三日（稼働日）＝六・五二一――。

そう考えると、一日平均六回のアプローチが必要ということとなります。

このように、「数字」を明確にして、把握しておくことで行動を起こせます。しかし、数日によっては六回アプローチすることができないこともあるでしょう。しかし、数字で把握しておけば、「今日は三回少なかったから、明日、挽回しよう。九回やるぞ！」と具体的な改善策が浮かびます。

「やるべきこと」を明確にする。

当たり前のことですが、これができている人は多くありません。

「やるべきこと」を明確にするためにも「営業ノート」に書き出すことです。書き出すから意識することができます。意識するから実行することができます。書き出さなければ、「やるべきこと」は曖昧になり、そして目標は不達成に終わるのです。

「自分の目標を書き出せば、それを達成する確率が四二％上昇する」

という、ドミニカン大学カリフォルニア校の心理学教授ゲイル・マシューズ博士が行なった有名な研究結果があります。

ぜひ、この章でご紹介した「営業ノート」や「仕事の四分類ノート」を書いてください。

そして「目標」と、それを達成するために「やるべきこと」を明確にしてください。

そして結果を出しましょう！

あなたは「いつまでに、何を、どうするか？」

営業マンは、「書く力」を磨け

著　者——菊原智明（きくはら・ともあき）

発行者——押鐘太陽

発行所——株式会社三笠書房

〒102-0072 東京都千代田区飯田橋3-3-1
電話：(03)5226-5734（営業部）
　　：(03)5226-5731（編集部）
https://www.mikasashobo.co.jp

印　刷——誠宏印刷

製　本——若林製本工場

ISBN978-4-8379-2954-3 C0030